会う人すべてがあなたのファンになる

一流の魅せ方

鈴鹿久美子

大和書房

はじめに

この本は、**出会った人を一瞬であなたのファンにする方法**を書き出した本です。

「一瞬でファンにするなんて、そんなことできたら誰も苦労はしない」

そうですね。

私もそう思っていました。

誰もが皆、人に好かれたら嬉しいとわかっていても、それができていないのが現実です。では、どうしてうまくいかないのでしょう。

それは「人に好かれたい、好感度を上げたい」という一心で、効果がありそうなもの全てを取り入れようとするからです。

私は、皆さんにお伝えしたいことがあります。

まず、**「誰に、どう見られたいのか」という柱**を決めてください。そして、この一本の柱に沿って、**「魅せたい自分像」**を作っていきます。

そして、その姿を固定化します。本書ではそれを**「コアスタイル」**と呼んでいます。第1章で詳しくご説明しますが、「信頼」を勝ち取るためには、服装も、持ち物も、話すスピードも、いつものコアスタイルで魅せることがとても重要になります。

「信頼」がなければ、他にどんな評価を得ても、好感度は絶対に上がりません。頭が良くても、美人でも、「信頼できない人」は友達にもしたくないものです。

「魅せたい姿」を固定化した「コアスタイル」を持つこと。そして、それ以外のノイズを徹底的に取り除くことで「ブレない自分」を魅せることができるのです。

◯ 49歳でリストラにあった「ふつうの女性」が6週間で政治家に！

私は、国会で政策秘書という仕事をしてきました。国会議員は、好感度が高くなければ選挙で勝てません。どんな人だったら勝てるのか、負けた理由は何だったのかと現場で悩み、数多くの選挙を経験してきました。そうした経験をもとに導き出した答えが、**戦略的に作り込んだ同じ姿を有権者に魅せ続けること**でした。

国会議員の秘書を経て、現在では、政治家のコンサルティングと、国会議員の秘書を議員や民間企業に紹介する人材紹介の会社を経営しています。仕事柄、政治家や秘書だけでなく、様々な職業の方にお目にかかります。

あるとき、数回お目にかかったことがあるだけの方が、ご相談があると会社にみえたことがありました。

面談室に入ると、おっとりとした優しい印象の女性が座っていました。その方は、2人の中学生のお子さんを持つアパレル勤務の49歳。以前お目にかかった際、ご夫婦共稼ぎで都内にローンで一軒家を購入したと話していたことを思い出しました。

テーブルにつくと、挨拶もそこそこに彼女から「議員秘書になりたいので、仕事を紹介してください」と頼まれました。アパレル企業にお勤めされていると聞いていたので、おかしいなと思いながら、ご事情を伺いました。

20年以上勤めた会社が、業績の悪化を理由に彼女をリストラしたこと。家のローンもあり、子どもはこれから学費がかかる年頃であること。夫の収入は不安定で、自分が仕事を辞めるわけにはいかないこと。

議員秘書の仕事には学歴や特別な技能がなくても就くことはできますが、来客応対から公務に関わる重要案件まで、幅広い内容の仕事を同時に進めなくてはならず、機敏な判断と応用力を求められます。

目の前の女性は、優しそうではありましたが、お世辞にも「機敏な」印象はなく、「秘書には向いていないかもしれない」と感じていました。

彼女の話は、ご両親の介護のことや、ご友人が近所のトラブルに巻き込まれて困っていることにも広がり、仕事以外の話をしばらく聞いていて、ふと気がついたことがありました。それは、彼女は一貫して自分の周りで困っている人の話をしていたということでした。人の話を聞くのがとてもうまく、いつも誰かの相談にのっているのです。

彼女は会社からリストラされました。人の話の聞き役ばかりをしていて、自分のことは後回し。それが社内での評価を落としていました。

つまり、彼女は自分のことより自分以外の人のことを優先して考える「面倒見の良さ」という側面を持っていたのです。

私はピンときました。

「ね、あなた議員になったら？」

私の言葉の意図がつかめず、彼女は呆然としていました。しばらくの沈黙の後、彼女は「私、国会議員なんて、そんなこと考えたこともありません」と驚いた顔のままそう言いました。

私は笑いながら「議員って、国会議員だけではないんですよ。地方議員といって、市や区のお世話をする議員もいるのです」と説明し、数ヶ月後にある統一地方選の説明をしました。

立候補には、その地域に3ヶ月以上住んだことを証明する住民票があればいいこと。お金をかけない選挙もできること。

彼女のような面倒見の良い人こそが地方議員に向いているということ。

これまで、政治とは無縁の生活をしてきた彼女にとって、この提案は青天の霹靂《へきれき》以外のなにものでもありませんでした。「帰って夫に相談します」と言ってその日は終わりました。

選挙まで2ヶ月を切ったとき、彼女は私を訪ねてきてこう言いました。

「鈴鹿さん、私、決めました。立候補します」

家族と何度もよく話し合い、旦那さんは「一度きりの人生だから好きにしたらいい」と言ってくれたそうです。

明らかにタイムリミットは切っていました。でも彼女の決意は固まっていました。

提案したのは私です。何とかするしかありません。

選挙は、「戦略」と「戦術」で戦います。戦略は勝つためのシナリオ、戦術は現場力です。

彼女は、知名度のあるPTA会長だったわけでもなく、顔の売れたタレントでもありません。そんなまっさらな政治素人の彼女が、選挙で勝つための方策を考えました。

時間もお金も経験もない人が、戦《いくさ》で勝つ方法です。

それが、**本書でご紹介する「一瞬でファンをつくる魅せ方」**でした。

人はパッと見た瞬間に良し悪しの判断をします。短い選挙期間では、一瞬すれ違った人からも「好印象」を獲得しなければなりません。そのためには「有権者に魅せたい姿」を絞り込み、「あの服はあの人」という固定化した「コアスタイル」を作り、ノイズを徹底的に取り除く。そうすることでしか勝ちはつかめません。

彼女の「魅せたい姿」は「4人の両親の介護を、妻として、娘としてひとりで受け止めた経験をもつ女性」です。

投票日まで6週間という短い期間の中で、その「魅せたい姿」を表現する服装、持ち物、話すスピードを統一し、徹底的に魅せ方にこだわりました。

この「戦略と戦術」が功を奏し、彼女は見事当選。今では、議員として精力的に活動されています。

「魅せ方で人生を変えた」のです。

○永田町で「一流の人達」に学んだこと

永田町には、経済政策、安全保障、雇用、環境など、様々な分野のトップクラスの人材が集います。

各界の一流の人達を毎日間近で見ているうちに、少しずつ自分の「ふつう」が変わってきました。自分にとっての「ふつう」のレベルが上がってくると、変化するのは、自分を取り巻く人達です。

それまで人のうわさ話ばかりしていた人達は、誰もいなくなりました。代わりに、すがすがしい仕事をする人達が集まってきました。

そしてその一流の人達は、勝つことを常としている人達でもありました。

私が「選挙」という戦《いくさ》を通して学んだことは、「勝ち」は「一瞬」を積み重ねていくことで手に入るということです。

出会ったときの、ほんの一瞬の目線、微笑み、仕草によって、チャンスをつかみ取れるかどうかが決まります。


生きるということは、毎日何かを選び、誰かに選ばれているということ。


「選挙」をつきつめていくと、あらゆる場面に人生と重なる部分が見つかりました。

選挙に当選する人や、一流と呼ばれる人に共通しているのは、ほしいものを手に入れるために、敵を見定め、武器を選び、その使い方を習得していることだったのです。

このことに気がつくまで、うまくいく人には、天賦《てんぷ》の才があるのだと思っていましたが、それは間違いでした。

この「一流の魅せ方」は、効果絶大です。
「ふつうの人」を、たったの6週間で選挙に当選させるほどの威力を持っています。

今、この本を手にしているあなたのその手で、ほしいと思っていたものをつかんでください。

ほしいと思っていたものや、秘めていた願いを手に入れる方法がここにあります。

あなたがほしい未来を手に入れ、いきいきとご活躍されることを、私は心から願っています。

会う人すべてがあなたのファンになる　一流の魅せ方◎もくじ

第1章　誰に、どう魅せたいのか——印象を固定する

第2章　「体型と顔」は、こう魅せる

第3章　一流は毎日「同じ服」を着る

第4章 相手を瞬時に魅了する作法

第5章 人生は「選挙」である

第1章

誰に、どう魅せたいのか

――印象を固定する

人は「魅せ方」が100%

生き物は、一瞬で目の前の相手を敵か味方か見分けます。

自分を食い散らかすライオンなのか、それとも守ってくれる味方なのか。

一瞬で見分ける力が、野生の世界で生き残ることができるかを左右します。

それは人間であっても同じこと。初対面の相手を、私たちは一瞬で「自分の邪魔をする人」か「自分の役に立つ人」か見分けています。ビジネスシーンでも、他人に見られる**この一瞬の「印象」が成否を左右**します。

その最もシビアな例のひとつが「選挙」です。限られた期間で、初対面の人々に一瞬で圧倒的な好印象を与えることができなければ、どんなに立派な理念や政策があっても伝わりません。

◯「選挙で落ちる人」の特徴

私は国会議員の政策秘書をしていました。

政策秘書は、洗濯から政策までなんにでも携わるので、もちろん「選挙」でも力を発揮しなければなりません。

選挙は一昔前まで、刀と鉄砲で戦う城取り合戦でした。ですから、私は選挙を「民主的な殺し合い」だと考えています。今は「投票」してもらうことで勝ち負けが決まりますので、血を見ることはありませんが、ハッキリと結果の出る戦《いくさ》であることに変わりはありません。

たくさんの選挙現場に立ってきて、**負ける人には共通点がある**と気がつきました。

それは、ポスター用の写真に使う服装や、笑顔、キャッチフレーズ、演説の内容、身の回りの小物等を**「なんとなく」選んでしまうこと**です。

これは、関ヶ原の合戦に向かうというときに、敵が誰なのか調べもせず、情報も得ないまま、手近にあるお手軽な武器を持って「とりあえずこれで。まぁカッコいいし、最新だしね」と荷造りしているのと同じことです。

政党からの公認も勝ち取り、いざ戦《いくさ》に挑もうとするのに「敵が誰なのか」「どんな武器を持っているのか」「戦場は平地なのか山なのか」「兵糧《ひょうろう》は足りているのか」を調べもせず、ただ「頑張ります！」と誓っている。これは、例えるなら、表情だけ勇ましく関ヶ原の合戦場に素っ裸で仁王立ちしている、というところでしょうか。勝てる要素を見つけることができません。

◯「勝つ人」はイメージを固定する

選挙で勝つ人は、毎日同じ服を着ます。それは、**固定されたイメージを相手に植え付け、「あの人はこういう人」という印象を作り上げるため**です。

魅せたい自分のコンセプトに沿って、「勝つためだけの武器」を身につけ、不要なものは全て捨て、ストレスを少しでも減らして戦《いくさ》に挑まなければなりません。

「自分には選挙なんて関係ないし」と思われたかもしれませんが、一般の方でも同様です。人は社会に帰属する以上、毎日何かを選び、自分も誰かに選ばれています。

自分の目的を達成するために必要なものを戦略で厳選し、その他のものは「ノイズ」として切り捨てる。「なんとなく」では、できるものはありません。

単なる「ひらめき」や「誰かのささやき」を理由にして身につけるものは、全てあなたを阻害するノイズであると知ってほしいのです。

同じように訴えて、
同じようにポスターを貼って、

同じように握手をして、

でも、当選する人と落選する人がいます。

秘書時代、私は就いている議員の落選で失業したことが複数回あります。週末は地元に帰って辻立ちで通行人に政策を訴え、商店街にポスターを貼らせてもらい、後援会をつくって勉強会を開き、毎日毎日、当選した敵（対立候補）と同じことをしてきたはずなのに、どうして自分の就く議員は落選したのだろうと、漠然と思っていました。

政党名だけで勝ち負けは決まりません。**当選する人は政党への「風」がどちらに吹いていても、確実に当選します。**

秘書としての経験を重ね、選挙の数をこなしていくうちに、なんとなく「この人は当選する」というのがわかるようになってきました。

それが何なのか、はっきりしたのは秘書を退職して今の会社を立ち上げた頃です。

「勝つ人」と「負ける人」には、それぞれ共通点があります。

「勝つ人」は、他人から見える自分の姿を知っています。そして、「どう見られる必要があるのか」という視点から、魅せたいものだけでシンプルな自分の姿を作り、固定化された姿を印象付けます。

一方「負ける人」は、他人から見られる自分の姿に、主体的な目的を持っていません。「流行だから」と何となく自分を飾って、魅せたい自分の姿をノイズだらけにしてぼやかしてしまっているのです。

本書では、私が数々の選挙を分析して見つけた「当選する人の特徴」を、一般の方が実践できるノウハウとしてご紹介いたします。

あなたは福山雅治でも石原さとみでもない

テレビに出演しているタレントさんや俳優さんは、皆さんキャラクターを設定しています。どの角度から見られても「らしく」あるように、設定された自分のキャラクターに添った表情をトレーニングで徹底的に身につけます。

統一されたイメージを作り、認知度を高めるために服装や小物等も同じ印象となるよう絞り込み、作り込みます。そして、そのイメージを一瞬で記憶に残すため、ノイズになるものは全て排除します。

「キャラじゃない」「キャラが被る」など、よく聞きますよね。**設定されたイメージを濁《にご》すものは全て排除する**ことで、伝えたいことをスッキリと印象に残せるようになります。

選挙では、この「イメージ」を作り込んだ候補者が戦いを有利に進めます。一度も会ったことのない人に好印象を抱いてもらうには、まず「清潔感」「信頼感」「安心感」を押さえ、その上に**「何をするどんな人か」というイメージをのせてゆきます。**

テレビで石原さとみさんを見るとき、私たちは石原さとみさんの印象を「期待」して見ます。その期待と同じ笑顔の石原さんを見ることで安心して「今日のブラウス可愛いな」とか「前髪、切ったんだ」などと思えるのです。たとえ寝ぼけ顔でも、期待された印象通りの寝ぼけ顔だから可愛いく思えるのです。本物の寝ぼけ顔ではないから安心できるのです。

◯「流行」は作られている

メディア露出を仕事とされる方々は、この鉄則を決して外しません。キャラ設定がぼやけると、覚えてすらもらえないからです。

このように「憧れの姿」を作ることで、私たちは彼・彼女らを時代のアイコンとして捉え、「あんな顔になりたい」と思うようになります。モテる男ナンバーワンの福山雅治さんも、「モテる男」を作り込み、それを仕事として演じています。

その顔と姿を見て、一般人である私たちは憧れたりファンになったりするのですが、気をつけなければならないのは、どう頑張っても私たちが「あの顔」になることはできない、ということです。「そんなこと知っている」と思っていても、**いつの間にか「あの顔」をうっかり真似させられている。**それが「流行」なのです。

「流行の色」は、その色の布地を確保するために、3年前に決められ、生産に入ります。

メディアに露出することを生業《なりわい》とするモデルやタレントさん達は、その「最先端」を纏《まと》い、様々な企業と契約し、流行を売る「顔」（時代のアイコン）となります。

私たちが3年前に作られた計画通りの色や形を「流行の最先端」として意識し、取り入れているのは、メディアに露出する方々が「カッコいい」「可愛い」を表現しているからに他なりません。

あの「カッコいい姿」「可愛い顔」は、各方面のプロが結集して作り込んだプロの表現者の仕事の成果なのです。

「流行に敏感」はなぜダメか

街を歩くと、ブティックのショーウィンドウから出てきたようなオシャレな人々が、颯爽《さっそう》と通り過ぎていきます。

今年のトレンドに季節の最新流行色を取り入れるなど、オシャレを楽しんでいる人を見ると、ウキウキした気分がこちらにも伝播《でんぱ》して、楽しい気分になります。

でも、**自分を客観視できていないオシャレは残念**です。

雑誌で「娘と洋服を共有しています」とニッコリ笑う母娘のポートレートをよく見かけますが、少し残念に見えることがあります。

どんどん綺麗になっていく娘さんに触発され、若くいようと努力することは、決して悪いことではありません。

でも、それも今の自分を受け入れ、現実を知ってやることでなければ、イタい姿になってしまう危険があるのです。20代と50代では顔のシワも髪の艶《つや》もスタイルも明らかに違います。

これは男性であっても同じです。若いときには持ち得ない、経験やゆとりをプラスして表現することで、父親としての姿を魅せる。これを服装を含めた外見でどうやって表現するのか知恵を絞る。それが大切なのです。

現在の自分のスペックを受け止め、客観視する現実から逃げてはいけません。

流行は、利用するものです。今の自分のどこに何を取り入れたら、伝えたい姿を見てもらうことができるのか。

流行に敏感になるあまり、**自分は今、何がほしくて努力しているのかを見失わないようにしなければなりません。**

○自分の欠点と正面から向き合う

「今、流行っている服装や色は、『見られたい自分』のどの部分に取り入れることができるか」

このような「俯瞰《ふかん》の視点」を常に持っていましょう。

この視点はイメージトレーニングで身につけることができます。

目を閉じて、今、あなたがいるすぐ後ろにクレーンを置いてください。クレーンの先にはカゴがあり、あなたの分身がそこに乗ります。クレーンに乗ったら今立っている自分の背中を見つめてください。そして、クレーンを少しずつ上昇させてください。

あなたは地面に立っている自分の姿と、周囲の人、地形、建物など、自分をとりまくあらゆるものを見ています。

そうです。今まさに、全体像である「面」と「点」の両方が同時に見えているのです。全体の中のあなたはどんな顔でどんな服を着ていますか？　周囲の環境にとけ込んでいますか？　周りの人はあなたをどんな目で見ていますか？　見られている自分はあなたが望んだ自分の姿ですか？

自分を客観視することで、初めて自分を評価できるようになります。

私が憧れる女性にオードリー・ヘプバーンという女優さんがいます。皆さんご存じの通り「ローマの休日」で一世を風靡《ふうび》した愛くるしい笑顔が印象的な女性です。

しかし私が憧れているのは、女優のときの彼女ではなく、晩年の彼女の姿と活動です。かつて銀幕で美の競演をしたハリウッドの女優達がこぞって顔面のシワを伸ばそうとしているときに、彼女はユニセフの仕事でアフリカやアジアの子ども達のボランティア活動をしながら「私が女優だったからこの仕事ができる。有名な女優だったことが本当に良かったと思う」と話しています。

そして彼女はこうも言っています。

「一個の道具のように自分を分析しなさい。自分自身に対して１００パーセント率直でなければなりません。欠点を隠そうとせずに、正面から向かい合うのです」

シワもシミも、どんなに欠点だと思っている部分も、自分自身であることに変わりはありません。自分を認めて受け入れる。そこから始まるのが「成長」です。

自分のスペックを「棚卸し」する

前項までで、いかに自分を「客観視」することが重要かおわかりいただけたかと思います。目的を達成するためには、まず「自分」について知らなければなりません。本項では**「スペックの棚卸し」**によって、客観的な自分の姿を認識していきましょう。少し恐いですが、大丈夫です。この本を読み終わる頃には、最高の自分と出会っているのですから。一緒に前に進みましょう。

まず、次の項目を具体的に書き出してみてください。

身長・体重・スリーサイズ・髪質・骨格（調べ方は１１５ページ参照）・体型・学歴（職歴）・収入

ウエストは友人に言うものより実際はちょっと太め、身長も公称よりちょっと低め、という方が多いのではないでしょうか。

自分の身長、体重、スリーサイズなどを正確に認識している人は意外と少ないものです。でも、正確なサイズを知らなければ、自分にピッタリの洋服はできません。同様に、**「選ばれる自分」を作るには、まず自分を客観的な数字で計り、自分が他人からどう見えているのかを知ること**が大前提です。

さあ、体型を数字化しましたが、次に、学歴や職歴はどうでしょう。自己紹介する場面で、「本当は○○大学に行きたかったんだけど」などと言い訳の枕詞をつけていませんか？　現在の収入でも同じように「上司が出世街道を外れたから、自分の年収も上がらない」と長い言い訳をつけていることがあります。

自分の現在の客観的スペックに何を付け加えようとも、話を聞く人は「言い訳してるな」と思うだけです。

学歴詐称《さしょう》で立候補を取りやめたという話は聞いたことがあるかと思いますが、政治家にとって「嘘」は命取りになります。ですから、このような誤解を招くような言い訳めいた説明を、私は絶対に使わせません。

理想と現実が異なっていて、直視したくない気持ちもわかりますが、それでは決して「なりたい自分」になることはできません。

「どんな自分を魅せたいか」を明確にする

さあ、次は、あなたは何がほしいのか、そして、それが今手に入っていない理由を確認してみましょう。

次ページの質問に、答えてみてください。誰かに見せる必要はありませんので、ご自身の正直な気持ちを書き出してみてください。具体的な物だけでなく「人からこう見られたい」という人物像などでもかまいません。

この質問に答える作業を、何度かくり返してください。

どうしてそれがほしいのか明確になったら、それがあなたの「目的」です。

そして、その目的を実現するためにあなたを支える武器やアイテムを揃えます。

「ほしいもの」を明確にする９の質問

① あなたは何がほしいですか？
※「転職して年収１千万円を目指したい」といった目標でもＯＫ

② それを得るためには何が必要ですか？

③ それを得るためにしなければならないことは何ですか？

④ それはいつほしいですか？

⑤ それは何のために必要ですか？

⑥ どうして必要だと思ったのですか？

⑦ やはりどうしてもほしいものでしたか？

⑧ 手に入れるために最も障害になっていることは何ですか？

⑨ その障害はどうしたら取り除けますか？

ネズミを一匹捕まえたいのにバズーカ砲は必要ありません。

ネズミ捕りをひとつ買ってきて、あなたの大切な小鳥を狙う憎きネズミがいつも通る場所に、そっと置くだけでいいのです。

また、あなたの大切な城に、遠くから敵軍が大挙して襲いかかってくるのなら、必要なのは大砲です。急いで大砲を手に入れてその使い方を学ぶ必要があります。大砲だけでなく鉄砲も必要かもしれません。また、お城の周りに堀を作ったり、兵隊を雇ったり、訓練をしたり……。目的を達成するために必要な準備と訓練が次々に浮かんでくるでしょう。

これが**敵を定める**ということです。

敵がネズミ一匹なのか大挙した敵軍なのかで準備も心構えも違います。「そんなこと当たり前」と笑いたくもなりますが、ぼんやりしているとバズーカ砲を購入してネズミを待ち受けていたりすることもあるのです。

勝つ選挙で使う「魅せ方マトリックス」

「どんな自分を魅せたいか」を明確にしたら、それを具体的に表現していくための戦略を練っていきます。

ここでは、キャリアによって「魅せ方」を変えてきた東京都知事、小池百合子氏を例にご説明いたしましょう。

小池氏は、**「見られたい自分の姿」を魅せ続けて、政界を生き抜き、勝ち続けてきた女性**です。

小池氏が都知事選に立候補するというニュースが流れたとき、その後の大人気を予想した人がいたでしょうか。所属していた政党の支持が得られるかどうかすら不確実な中、「崖から飛び降りる覚悟」で都知事選に立候補を表明し、告示から票を伸ばし続け、圧勝のうちに当選しました。

東京都初、女性知事の誕生でした。

確かに、決断力も勇気も人並みはずれているのかもしれません。でも、それだけなら、大抵の政治家は持ち合わせています。

小池氏の凄いところはそこではありません。

今、この状況で自分がどう見られているのか。

自分の成し遂げたい未来を手に入れるためには、どんな魅せ方が必要なのか。

普通なら雰囲気や噂に流されて決めてしまいがちなこの計算が、客観的かつ丁寧になされているのです。

◯「親しみやすさ」「信頼」「リーダーシップ」を使い分ける

2016年の都知事選の際、小池氏の選挙ポスターをご覧になった方も多いと思いますが、どんな第一印象をもたれたでしょうか。

目線は強すぎず穏やかで、意志を表す顎《あご》は少し引き気味、見る人の意見を聞く印象です。顔を少しかしげることで有権者の意見を聞いている「傾聴」のイメージを作っています。また、候補者は肩を開く方が威厳や経歴を表せるのですが、あえて開きらず、小ぶりにまとめることで謙虚な印象を作っています。

周囲の人に、自分がどのような人間であるかを表現する「対人認知」には、大まかに**「親しみやすさ」「信頼」「リーダーシップ」の3種類**があります。

この「3種の対人認知」をマトリックス化し、小池氏の「魅せ方」を当てはめたものが次の図です。

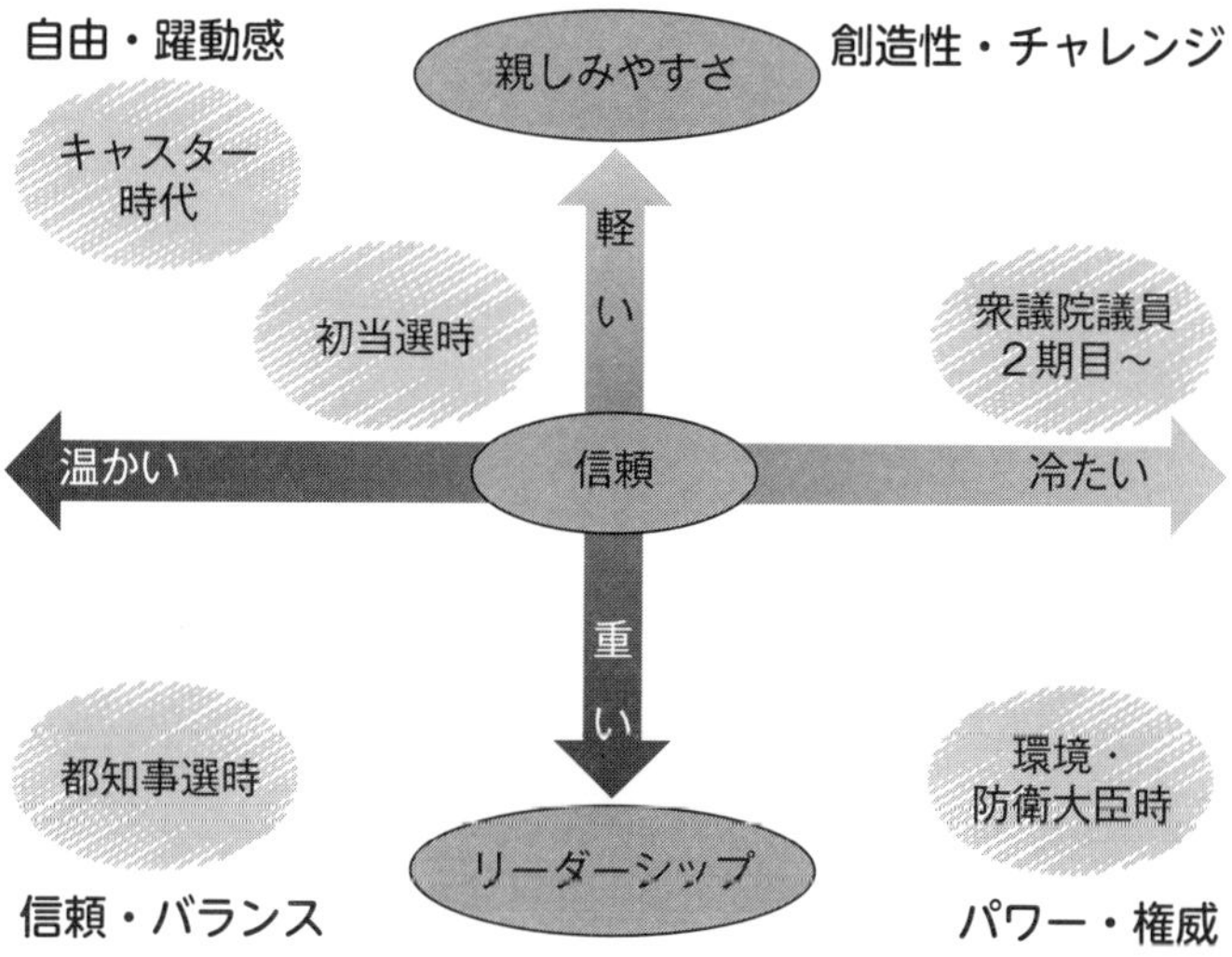

都知事選時の小池氏は、この魅せ方マトリックスでは左下。その前に、大臣を務めていた頃は、「リーダーシップ」「冷静さ」「知性」を強調した、政治家の最終ステージ（右下）にいました。

しかし、政治家としてのキャリア初期の魅せ方は、全く異なっていました。

テレビのキャスターから政界へ転じ**参議院議員としての初登院の日、小池氏の服装はサファリルック**でした。「猛獣とか珍獣とかいらっしゃると聞いたので、今日はサファリルックで参りました」。

世相を「聞く」仕事から、政治の現場に身を投じた緊張感とフレッシュな印象を、服装と言葉でくっきりと表現しました。
マトリックスでは左上に位置しており、**「新しさ」「自由」「期待」「躍動感」**を魅せる場所です。初当選までの候補者が身を置くことが多い「ステージ」です。東国原《ひがしこくばる》英夫氏、三原じゅんこ氏など、前職がメディア露出の多い仕事だった場合もスタートはここでした。

「サファリルック」で衆議院に初登院

自由党時代。左は小沢一郎氏

その後、小沢一郎氏率いる新進党に参加し2期目の当選を果たしてから、魅せ方をマトリックスの右上に変化させていきました。政党の盛衰に悩みながらも「創造性」「チャレンジ」を表現することで、自身の党籍の移動の理由に正当性をもたせ、イメージダウンを避けて波を乗り越えてきています。

自由党が分裂し、小沢氏と決

別した後、自民党に入党し、２００３年には小泉純一郎政権で環境大臣として初入閣を果たします。このとき、マトリックスは「パワー、権威」の右下に位置を変えました。服装は、親しみやすさを排し、リーダーシップの重さを増すことで、女性がトップに立つ際に生じることがある弱みを補正しています。

大抵の政治家は、この「権威」の場を目指し、たどり着いたらそれをゴールとします。

2003 年、環境大臣として初入閣

2016 年、都知事選、立候補表明

しかし、彼女の凄さはここで終わらなかったことです。**都知事選に出馬すると決めたとき、マトリックスを左下にスライドさせたのです。**「強い、権威のある女性」というイメージから、強さを弱め、「信頼」と「温かさ」を取り入れました。マトリックスの右下にいる「強

印象と典型例

		笑顔（歯の数）	動き	声・話し方
軽い	親しみやすさ	·8本(声に出して笑う)	・早い、俊敏 ・同時礼（言葉と行動が同時）	・ラの音 ・接客業の話し方
	信頼	·4本(笑顔→うなずく)	・一拍置く ・分離礼的動き	・ミの音 ・事務職の話し方
重い	リーダーシップ	・0本（うなずく）	・ゆっくり ・分離礼（言葉と行動を分ける）	・ドの音 ・社長や大臣の話し方

い女性」を助けようと思う人はいません。でも「ひとりで頑張っている女性」なら応援しようと思えるのです。

　これは一見とても難しいテクニックのように見えるかもしれません。でも、**意外と簡単に使えて、かつ効果の高い手法**です。

　魅せたい自分の姿が決まったら、マトリックスに添って、アイテムを取り替えればよいだけです。第2章でご紹介する「3種の笑顔」や、ファッション、小物、話すスピード、動作などを変えるだけで、魅せたい姿に変化をもたらし、ほしい評価と応援が得られます。対人認知に変化を生む典型例を上記にあげておきますので、参考にしてください。

　自分の目標を達成する「魅せ方」がマトリックスのどこに位置するのか、そしてそれは何を使えば表現できるのか、考えながら進めましょう。

自分だけの「コアカラー」を決める

「スペックの棚卸し」を行い、「魅せ方マトリックス」で大まかな方向性を定めたら、その目標を達成するための戦略が必要になります。そこで絶大な効果を発揮するのが**「コアカラー」**です。

私は選挙でも起業する方のブランディングでも、必ずその方を表す芯となる「コアカラー」を決めるために診断をします。

これは、一般的なカラー診断での「似合う色」を見つけるのとは全く違います。似合う色で似合う服を着ていても印象に残らないのです（詳細は第３章でご説明します）。一瞬で明確な印象を与えるために、伝えたいメッセージと素材としての自分とをつなぐ芯となる「コアカラー」を決めることが重要です。

◯「自分を活かす色調」を知る

そのためには、まず初めに、自分の素材を知りましょう。ご自身のもともとの肌や髪の色を診断して「自分を活かす色調」を調べます。暖かみのある色調か、それともクールな色調か。

この持って生まれた自分の色調は「イエローベース」と「ブルーベース」の2つのベースカラーに分かれます。

イエローベースは黄色の入ったウォームな印象の色。
ブルーベースは青みのあるクールな印象の色。

たとえば、同じ「白」でもたくさんの「白」があります。自分のベースカラーがこのどちらかで、スーツの下に着るYシャツの色が分かれます。

このベースカラーは自分でも診断可能です。

まず「クリーム色っぽい白の布」と「真っ白の布」またはワイシャツなどを持って鏡の前に立ってください。

それを顔の下に当て、顎の輪郭《りんかく》がくっきり見える、目の下のクマが薄くなる、頬がふっくらと健康そうに見える、など、あなたがより良く見えるのはどちらか検証してください。

「クリーム色っぽい白の布」が表情を良く見せてくれるなら「イエローベース」、「真っ白の布」が表情を良く見せてくれるなら「ブルーベース」となります。

スマホで自撮りをして、しっかり比べてみましょう。このとき、自動修正されるカメラでは判断が変わってしまうので、できるだけ親しい人に一緒に見てもらうと客観視できます。

◯コアカラーを決める

さて、自分を活かしてくれる色調がわかったら、**戦略的にあなたを魅せる「コアカラー」**を決めます。

コアカラーは何のために使うのだったでしょう。

そうです。あなたの「魅せたい自分」を相手に見せるため。そしてほしい結果を手に入れるため、でしたよね。

ですので、**コアカラーを決める前に、必ずあなたのなりたい姿を再確認**してください。「クールで知的な社長」なのか、「人情派で情にもろい苦労人社長」なのか。「人をホッと和ませる秘書」なのか「選挙は任せろ」的な強い秘書なのか。

そして、「魅せたい姿」に不足している部分を、色と形で加えていきます。

私のコアカラーは深い赤、ボルドーともいわれる赤です。会社のロゴマーク、スーツの裏地、ポケットチーフには必ずこの色を使います。**そして、鞄や名刺入れなど、私を取り巻く全体の面積の10％以内にこの色を取り入れています。**それは、「国会の赤絨毯《じゅうたん》」の色だからです。

私をパッと見たとき、この「国会の赤絨毯」の色が、私の仕事を「当選する」「うまくいく」イメージとして表してくれます。**そのイメージ形成の中心的な役割を果たしてくれる色が「コアカラー」です。**

「魅せたい姿」にメッセージを込める色を探します。たとえば自分が「新人」なら、「新しい」から発想して、白や若草色などができますね。職業が水産関係なら、「水色」「深い青」「白波のような光る白」などが連想されます。イメージから色を絞り込んだら、自分のベースカラーと相性の良い色を選びます。これが、あなた自身のメッセージを届けるコアカラーとなります。

政治家の場合は、選挙区である地元、取り組んでいる社会的課題の特徴などからコアカラーを決めます。

たとえば、選挙区内で掘り起こされた遺跡が「冠位十二階」に関する史跡で、その地域の観光収入を支える重要なテーマだったとします。

そうしたら、まず、その方のベースカラーで分けられた色調から、「冠位十二階」の最高位「紫」を探します。その土地で一番を目指すのが議員ですので最高位を選ぶのです。アイコンとなるペンやポケットチーフ、名刺のどこかにこの色を使います。

コアカラーを使用するときのポイントは、**自分の全体の表面積の10%以内に抑える**ことです。紫が良いからといって、頭の先から靴に至るまで紫だったら、近づきたいとは思えませんね。コアカラーは、魅せたい自分を伝えるアイテムです。ですから、**ポイントとなる場所に、刺さるように魅せること**が肝心です。

政治家の先生方にも、キラリと光るコアカラーで、ご自身の政策やスタイルを示して頂けることを願っています。子ども達に「大きくなったら○○議員みたいなカッコいい政治家になりたい！」と憧れられるような、粋でオシャレな議員がもっと増えたら、この国の未来も、豊かになるのではないかと思っています。

魅せるためには「引き算」

深夜のショッピング番組でつい買い物をしてしまった経験のある方もいらっしゃるのではないでしょうか。

私も、出張先のビジネスホテルで眠れず、何となくつけたテレビのショッピング番組を見ることがありますが、特にほしいと思っていなかった化粧品を買ってしまった経験があります。出張から戻った日に、自宅に届いた段ボールを開けて初めて「あ、夜中に買ったものだ」と思い出す始末。何度考えても、どうして買ったのか理由が見つかりませんでした。

モノを売るときは、価値を積み上げれば積み上げるほど、よく売れます。

こんなに何でも使えるフライパンが、今日だけ特別に１万円！（良いけど、ちょっと高いな～）。しかもこの時間帯だけ特別に2個で1万円！（あら半額だわ）。さらに、特別第2弾！　スポンジを3個付けます！（おまけね）。そして！　30分以内に注文したら送料無料！　半額だし、おまけもつくし、送料無料！　お得だわ！）。

しかし、**〝ヒトを売る〟ときは積み上げ式では嫌われてしまう**のです。

こんな人がいたらどうでしょう？

「子どもの頃から優秀で、有名小中高と一貫校に行き、東大にストレート入学。書道の大会で最優秀賞をとって、剣道で県人会優勝。生徒会長も務めて文武両道。有名国立大学卒業後は公務員試験に合格して財務官僚。その後も昇進を続け、最年少課長になる。父親は大会社の社長で母親は元〇〇財閥関連の家系」

どうでしょうか？　あまりに優秀すぎて、なんとなく遠い印象になると思います。

人は、**盛りすぎると嫌われる**のです。

人は足し算・引き算で、ちょうど100点にするのがポイントです。

ハンサム過ぎるなら「親しみやすさ」を、優秀過ぎるなら「ずっこけエピソード」を加えればよいのです。

この方、実在の人物なのですが、ご自身の経歴の華やかさが引かれる原因になることを自覚して、悩んでおられました。

そこで自己紹介などでは、次の一節を入れ込むようにお勧めいたしました。

「自分はいつもフラれてばかりでした。小学校2年生の初恋も、やっとの思いで入った大学で一目惚れした合コンの女の子にも、あっさりフラれ続けました。出世したらモテるかと一生懸命仕事もしましたがモテたことは一度もありませんでした。そんな僕を哀れに思い慰《なぐさ》めてくれたのが今の奥さんです。やっと結婚してもらったので、僕は頭が上がりません」

引き算をすることで、ぐっと親近感が湧きます。

ヒトの売り方はモノとは違います。足して引いて100点にすること。このバランスが何より大切なのです。

第2章

「体型と顔」は、こう魅せる

太っていても「ウエスト」は必要

「ウエストを取り戻す」

政権奪還のキャッチコピーで似たようなものがありましたよね。

男女関係なく、**多くの人が抱える外見の悩みの中で、最たるものが「ウエストまわり」の悩み**でしょう。

満面の笑みでポッコリ突き出たお腹が好印象なのは、レストランのオーナーシェフくらいでしょう。これから戦《いくさ》に出ようとする侍がぷよぷよと太っていたら、どう見えるでしょう。走るだけで息が切れそうで、とても勝てそうに見えませんし、応援したい気持ちも失せてしまいます。

そうです。ウエストが見えない人は、動きも感覚も鈍そうに見えてしまいます。外見だけで損をしています。

ダイエットも必要かもしれませんが、ちょっとしたコツで取り戻すことができるのです。

政党のポスターみたいですが、大まじめに「ウエストを取り戻」しましょう。

女性議員で自称「ジュゴン」という方がおられました。その名のとおりの立派な体型。早朝の会議には、いつも頭からすっぽり裾まで覆いつくすような被り物系の服装で、ギリギリに走りこんできていました。メリハリのないその服装で太目の体型がいっそう強調されていました。

この被り物系の服装は、太っている人、または太っていると自覚しつつそれを隠そうとしている人が着用しがちなものです。

気になるウエストを隠そうとするあまり、大きな布地を筒状にしたものですっぽりと頭から体躯《たいく》を覆い尽くす。

そうすると確かに、ウエストのラインは隠れます。このスタイルにする理由は、ウエストを隠したいから。

つまり、少しでもスタイル良く見られたいから、ですね。

だとしたら、この**戦略は負け**なのです。

どんな風に見られたくてこの服を着ているのか、目的を見失うとこうなってしまうのです。

陥《おちい》りがちなパターンですので、ここでしっかり確認しましょう。

最重要なのは**「誰にどう見られたいか」**でした。

「自分がどうしたいか」に翻弄《ほんろう》されて、戦術を見失ってはなりません。

この人が間違ったのは、ウエストを隠す方法です。

「太っていないように見られたい」のです。

だったら、太っていないように魅せましょう。

コツは、

ボタンの位置を上げる。

たったこれだけです。

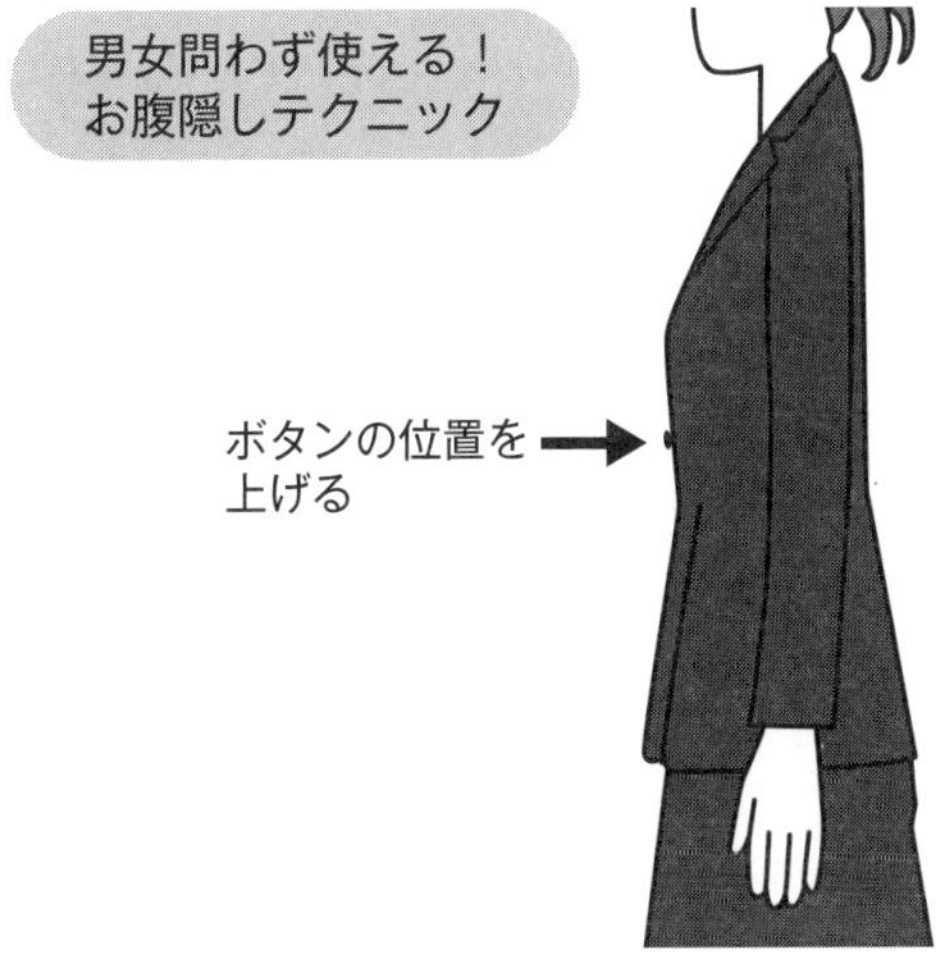

ボタンは、バストの真下、みぞおちの辺りにひとつ掛けましょう。

そうすると、イラストのようにその下がほんの少しフワリと浮き、気になるウエストが綺麗さっぱりカバーされます。

女性用のカットソーでは、ひねりがみぞおちにくるものも同じ効果があります。

ただ、このタイプは柔らかな生地で作られることが多く、下着の跡が背中にくっきりと出ていないかチェックが必要ですね。後ろ姿も確認を忘れずに。

あの頃この方法を知っていたら、「ジュゴン」な議員がもっと素敵に見えるアドバイスができたのに、と思います。

体型のコンプレックスをアピールポイントにしてしまう

彼女は23歳の美容師さんでした。まだアシスタントということもあり、今風のぱっちりメイクに明るい髪色、オシャレに敏感なお年頃です。服装もオシャレなのですが下半身はいつも真っ黒なパンツを履いていました。

ある日、気になって「どうしていつも真っ黒のパンツを履いているの？　汚れるから？」と聞いてみました。すると彼女は「私、お尻がすごく大きいんです。だから黒でお尻を消さないといけないんです！」

ほぼ悲鳴に近い言い方に、思わず笑ってしまいました。確かに、彼女はヘアスタイルもメイクも今風で素敵な雰囲気を作っていますが、お尻だけは横にも後ろにも張り出していて、とても大きいのです。

憧れの人とやっとデートまでこぎ着けても、大きなお尻がバレると次のデートはなくなるんです、と。

笑い事では済まされない切実な悩みでした。悲しそうな彼女の長い付けまつ毛を見て、私もどうしたらモテるようになるか、考えました。ここで確認です。彼女の目的は「お尻を小さくすること」ではありません。「モテるようになりたい」のです。だったら、答えは簡単。

「あなたは、大きいお尻が好きな人と出会ったらいいんじゃない⁉ あなたの大きなお尻をみて、『うわ〜！ 色っぽい！ 好きなタイプだ！』と思ってくれる人とつきあえばいいじゃない」

すると彼女は「そんな人いませんよ〜〜」と涙目。

そんなはずはありません。昔から「蓼食《たで》う虫も好きずき」と言うではないですか。人の好き嫌いは千差万別。「お尻を消す」ために、無意味なダイエットをする必要はないのです。

私の説得は続きます。

「最初から大きなお尻を出しちゃうの。もう隠さない。そうしたら、あなたに声をかけてくるのはお尻の大きい女性が好きな人だけ。あとは、あなたがつきあうかどうかを決めるだけ！」

そのとき、彼女は一瞬キラッと瞳を輝かせました。

2ヶ月ほど経って次に美容室に行ったとき、ミニスカートの彼女が私を出迎えてくれました。

大きなお尻だけではなく、立派な太ももまで初登場。シャンプー台に乗るとき「で、どう？」と小さな声で聞いてみたら、「バッチリでした！」と付けまつ毛をバサバサ揺らして満面の笑み！　もうそれ以上聞くのは無粋《ぶすい》というもの。自信のある大人の女性の笑顔でした。

自分が「嫌いだ、隠したい」と思っているところを隠すために、真っ黒なパンツを履き続けるなんて、寂しいではないですか。思い切って出してしまえば、隠す必要は無くなります。隠さなければバレる心配もありません。

「そんなところも可愛いよ」とささやいてくれる粋《いき》な男に出会いましょう。**自分を認めてさらけ出すのも、人生を楽しむための大切な選択肢**の一つです。

◯「低身長」がコンプレックスな人へのおすすめ戦略

自分の見た目に隠したい部分があるのは、男性も同じです。

選挙用の写真撮影を前に、コアスタイルを作るコンサルティングをしていたときのことでした。立候補予定のその方に「どんな風に見られたいですか？」と伺うと間髪入れず「大きく見えるようにお願いします！」と。手元のスペックシートを見ると、「身長：162cm、体重：60kg」。確かにその方は小柄でした。

写真は、大きくも小さくも見せることができますので、男性でしたら大きく見えた方が「リーダーシップ」を表現しやすいかもしれません。でも、見られたい自分像にハッキリとした目的がなく、「小さいより大きい方がいいから」では、本当に魅せたい部分がぼやけてしまいます。

小さい人を大きく見せるには、空間を利用することで簡単にできます。しかし問題なのは、街頭や演説会場で、ポスターを見た有権者と直接会ったときに「あら、写真では大きかったのに、意外と小さいのね」と思われてしまうことです。

「大きい」と思っていたのが「意外と小さい」というのは、マイナスに印象づけられます。

スーパーマーケットの広告で見つけた「ステーキ肉一枚500円！」を買いに行ったら、一枚100グラムで実際はスゴく小さかったというのと同じ。

逆に、「小さいと思ったら意外と大きかった」方が印象は良くなります。

その方にこの点を理解して頂き、「どう見られたいか」について伺ったところ「どんなところにでもすぐに飛んできて解決してくれる、頼りになる自治体議員」でした。ここまで具体的に『魅せたい姿』ができたら、もう大丈夫。

「すぐに飛んでくる」ことは身体が大きくてもできますが、細かなことには不向きなイメージがあります。だったら、「小さい」ことがプラスに働く、「俊敏」「小回りが利く」という印象を作れば良いのです。

そこで、その方にはシャツの襟《えり》の片方を少しだけ立てて、風が吹いているようなイメージで動きのついた写真を撮ることにしました。小さいからこそ、すぐに飛んで行けます。町の小さな問題にすぐに取り組みます。

コンプレックスだと思っていることと、しっかり向き合ってみてください。私の経験からも、そこがアピールポイントになることは結構多いものです。

コンプレックスは隠そうとせずに思い切って見せてしまえば、自分の魅力をアップしてくれる心強い味方に変わるのです。

「スマート」を表現する「袖丈」のコツ

女性の政治家が、二の腕にたっぷりとした「振り袖《そで》」を蓄《たくわ》え、ぷるぷる振るわせながら演説をしていたとしたら、あなたはその政治家にどんな印象を持ちますか？その隣で演説する女性が、スリムでキリッとしていたら、比べてどんな感想になるでしょう。

リーダーとなるには、太りすぎて見えては信頼感が落ちてしまいます。もちろん、モデル体型である必要はありませんが、体格が良いなら体格が良いなりに、「スマート」に見える姿をつくる必要があります。「ぽっこりお腹」や「ぷるぷるの二の腕」など、むき出しにするのではなく、ほんの少しの工夫で「スマート」は作れます。

スタイルを保って隙のない雰囲気を作り出すことは政治家にとって必須命題です。ましてや「次こそは絶対に勝つぞ」と活動している落選中の政治家は、絶対に太っていてはなりません。頬から肉がそげ落ちて、目力だけで語れるようになっていなければ、「勝たせてあげたい」とは思えないからです。

さて、そうは言っても、今そこにある二の腕やお腹は、今すぐどうにかしなければなりません。そんなときのテクニックをご紹介しましょう。

◯袖丈は「細いところ」で切る

洋服を選ぶときに気をつけることは、あらゆる手段を使って、できる限りスマートに見せること。太っているように見せないことです。

特に女性の場合、袖やスカート丈など、「切れる部分」がどこにくるのかで見え方が変わります。意外と知られていないのが、切り口の鉄則です。

それは「**太いところで切らない**」こと。通常の「半袖」には気をつけましょう。二の腕の一番太いところで切れていると、そこの太さが強調されます。腕で唯一細くなっているのは、肘のライン。袖口はこの長さが一番安全です。

太いからといってノースリーブを敬遠される方がいますが、腕周りのカットによってはかえって細く見える効果がありますので、ぜひ知っておいてください。

ノースリーブで絶対NGなのは、前から見て、脇のラインが丸く内側にくりぬかれているような形です。これは肩や二の腕を余計に太く見せます。

肩から脇にかけてのラインが真っすぐで脇を覆い隠すようなカットのデザインは腕を細く見せますので、中途半端な半袖よりずっとスッキリと見えます。

スカート丈

これも「太いところで切らない」というのが鉄則です。膝の細くなっているところ、ふくらはぎの細くなっているところをスカート丈にすることが鉄則です。O脚の人も同じです。

膝と膝の隙間が見える長さにスカート丈がくると「O」は強調されてしまいます。

太い部分で丈を決めず、細い部分で決める

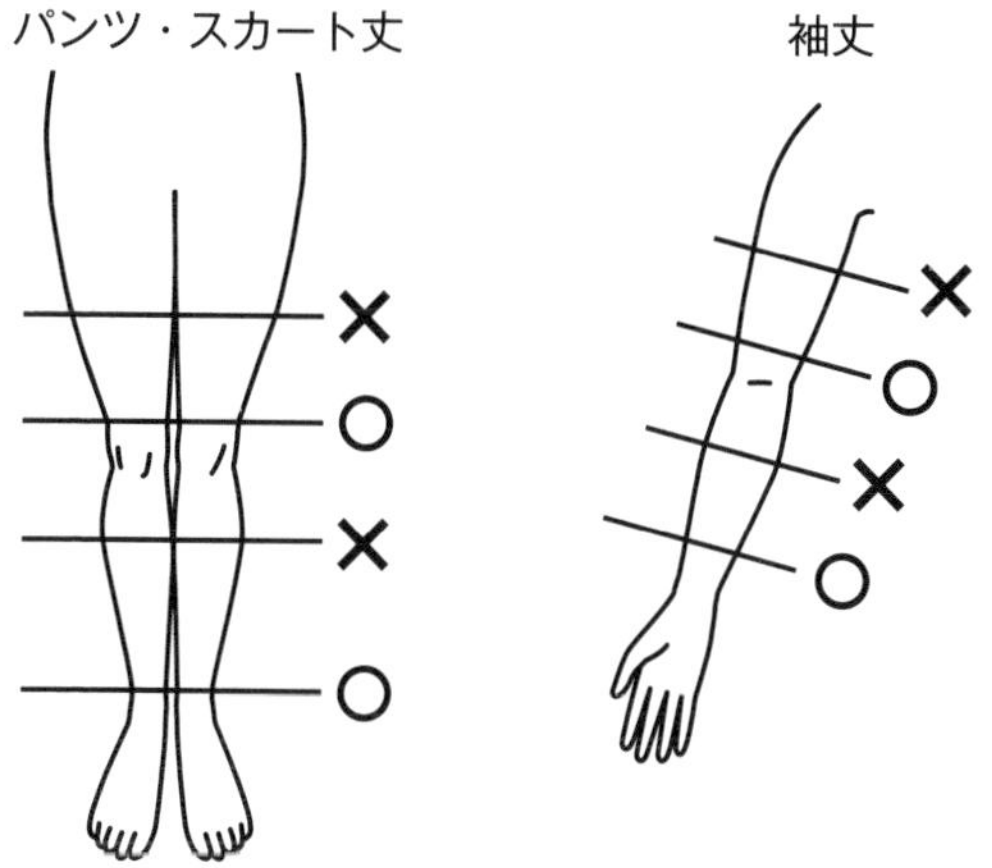

そこより少し下のふくらはぎの辺りにスカート丈をもってくると、隙間は隠れてO脚に見えません。

パンツのタイプ

脚の太い人は、原則的にはスカートの方が似合います。でも、腰の幅のワイドパンツでしたらシルエットを真下に落とすことで太さが目立たなくなります。O脚を隠したい人もこのタイプは似合いますが、ベルボトムタイプも足長効果で膝下の隙間を隠してくれます。

購入時にきっちりチェックして、「知的なスマートさ」を演出しましょう。

どんな人からも一瞬で好かれる「最高の笑顔」

ゲラゲラ笑う
クスッと笑う
ニッコリとほほ笑む
目の下を緩めて穏やかにうなずく

どれも「笑顔」ですが、選挙では、この笑顔を3種に分けて使います。
笑顔を**「口元からのぞく歯の本数」**で3種類に区別することにより、与える印象を変えることができるのです。

笑顔の種類は「歯の数」で決まる

8本　4本　0本

0本：リーダーシップ
4本：信頼
8本：親しみやすさ

政治家でいうと「党首」のポスターは口を結んでいるものが多いですね。リーダーとしての意志と決意を表現するためです。党首が大きな口を開けて笑っている写真だとしたら、どうでしょう。

逆に、新人候補者はまずは親しみやすく感じて頂かなければ話もできません。警戒心を取り除く「親しみやすさ」を得るために「8本の歯」を見せて有権者との距離感を縮めます。

はじめの一歩は、まず相手との距離感を縮めること。

「自分は安心できる存在です」というメッセージを伝えることが大切です。4本見せるのは、2期目以降の候補者です。経験とさらなるチャレンジを表します。

◯基本の笑顔の作り方

日本語は英語の発音と異なり「イー」という音を強く表現せずに話すことができますので、この口の形を使うことは滅多にありません。

せいぜい、子どもが「イーだ！」と憎まれ口をきくときくらいでしょうか。実は、この「い」が、笑顔を作る基本中の基本なのです。

実は、私も笑顔が苦手でした。視力が弱いせいもあり、しかめっ面をしていて叱られたことは数知れません。ご紹介するのは、そんな私でも笑顔ができるようになった方法です。大丈夫、あなたも「最高の笑顔」が今すぐ手に入れられます。

まず最初に、先ほどの「い」を作ります。

奥歯を噛み締め、口角を「もうこれ以上はムリ！」というところまで引きます。

次に、割り箸またはペンを一本、口角に押し付けるようにして横にくわえてください。これで、もう一度「いー」と言ってみましょう。かなり横に引っ張られる感じがすると思います。この「いー」を20秒間続けてみてください。一回の呼吸を吐ききるイメージです。

呼吸が続かなくなったら、鏡の前で割り箸かペンをそっと引き抜いてください。どうですか。「笑顔」になっていますよね。

自分では「いー」と言っているだけなのですが、**奥歯を噛み締め、口角を最大限に横に引く顔は傍目から笑顔に見える**のです。これが笑顔の作り方の基本です。

◯「目で笑う」ことの重要性

最上級の笑顔を作るポイント。それは、「目で笑う」ことです。「あの人は目が笑っていない」などという表現があるとおり、目が笑っていないというのは、褒め言葉ではありません。

顔は笑っているけど、本音がわからない。信用ならない。そう言われないために「目で笑う」方法を伝授します。

「目で笑う」のが上手な職業に、ＣＡさんがいます。危険な場面でリーダーシップを発揮する以外は、ＣＡさん達は、どんなときも目で笑っていなければならないと厳しい訓練を受けます。飛行機の離着陸時などで彼女達も着席しなければならない場面では、同じく座っているお客様からは笑顔を作っている「口元」が見えないからです。非日常を演出する高級ホテルなどでも、お客様をおもてなしするために目で笑う同様の訓練がなされます。

さて、議員秘書もこれらのサービス業と似たところがあります。議員の地元、つまり選挙区では、そこに住む人全員がお客様ですから、いつ誰に会っても「笑顔」でいなければなりません。歩いているときも、どんな角度から見られていても「目が笑ってない」と言われないために、笑顔の苦手な私があみ出したのが、次の方法です。

鏡を見てください。
初めにお伝えしたように、口角を限界まで引いて「いー」と言います。
今の目はどんな風ですか。
まだ、笑っていませんね。
「いー」というのに精一杯で、真剣なまなざしになってしまっているはずです。
ここからが最高の笑顔をつくるポイントです。
さあ、自分以外の誰かの「最高の幸せ」を願ってみましょう。
それは、家族でも、恋人でも構いません。自分以外の人の幸せを心から願うのです。
「○○さんに、今日、最高に幸せなことがありますように！」
それができたら鏡を見てください。
どうですか？
瞳に深い微笑みがたたえられた自分が映っていますね。
さらに良い笑顔を持つ人になりたければ、見ず知らずの赤の他人の最高の幸せを願

うことです。

「今日一日、あなたにとっても良いことがありますように！」と心から強く願ってください。満員の通勤電車の中で「この車両に乗っている人全員に、今日、最高に嬉しいことがありますように」と願ってみてください。そのときのあなたの瞳は豊かな微笑みで満ちているでしょう。

これは誰でもできることです。

そして、さらに上の「最上級の笑顔」を作るには、あなたを嫌う、あなたに意地悪をする人を思い浮かべて、その人が今日一日とても幸せな気持ちで過ごすことができますように、と心から願ってみてください。

鏡に映る自分の顔が神々しく見えてくるはずです。

そうなのです。

人は、他人の幸せを願うと美しい笑顔になるのです。

この「最上級の笑顔」は神仏の微笑みです。

最上級の笑顔を手に入れることは、幸せな世の中をつくる一番の近道だと思っています。

自分以外の人の幸せを願って、神様も喜ぶ最上級の笑顔を手に入れましょう。

好感度を与える「顔色」と「艶」

第1章でも述べましたが、人は、ほんの一瞬で、相手を「自分の敵になる人」か「信用していい人」か判断します。

その時間は3秒とも0・5秒とも言われますが、いずれにしてもそのくらいの短時間で判断しないと、うまく生き延びることができないのでしょう。野生動物の世界なら捕食されてしまいます。

私は秘書の仕事を通して、一瞬で人を見る訓練を積みました。というか、見抜けずに痛い思いをしたことが何度もありましたので、経験則で身につけたとでもいいましょうか。いずれにしても現在では、魂を何かに売り払った人は一瞬で見わけることができます。

　これまで、最悪の事態というのに何度か出くわしましたが、それが悪意のある誰かの仕業だった場合、そのような人たちには共通点がありました。

　その共通点とは、**私が私を「いや、あの人は良い人のはず」と説得し始める**ということです。

「あれ？　なんか変？」と直感では思っているのですが、私が「いや、そんなことはない。だってお金持ちだし」とか「あの人も良い人だと言っていたし」などと都合良く解釈しようとします。

　要するに、自分の**第六感に現世の自分が言い訳をしている**のです。自分に言い訳を始めていたら、NGサインです。その人と関わってはいけません。

　これまでの経験上、私が第六感の自分に言い訳をしているのは、現世の欲に負けているときでした。「この人と組んだらまずいことになりますよ」という声に抗《あらが》っていたときです。

〈顔色〉

魂を闇に売り払った人は、私にはその人の目の奥と口の中が真っ黒に見えるのです。少し変な風に聞こえるかもしれませんが、初めて会ったその瞬間、そう見えるのです。そう見える人と関わってはなりません。つい最近も本当にぎりぎりで危ない思いをしました。

第六感というのは、人間の脳に記憶されている膨大な量のデータを分析し、はじき出された結果が自分に「ピン！」と警告してくれているものです。ご先祖様が「おいおい！　危ないぞ！」とささやいてくださっているのかもしれませんね。

私はピンときた人とは名刺交換すらしないように決めました。
それから、恐いことやトラブルに巻き込まれることは激減しました。

「顔色」は人によって見え方が違いますが、「あ、この人、顔色が変！」と思ったら自分の直感に問うてみてください。「この人とつきあって良いですか」「私は自分の現世の欲に迷っていませんか」、と。

〈艶《つや》〉

顔色と同じく重要なものに「艶」があります。

肌も服装も雰囲気も、艶がある人と一緒にいるようにすると運気がアップします。スピリチュアルな言い回しになりますが、艶は天から頂いているものです。上から光が当たっているから艶が見えるのです。肌の艶、服装に見える艶、表情の艶、話し方の艶、話題の艶、髪の色の艶……。

艶の反対は「くすみ」です。くすんでいて良いことは一つもありません。艶っぽいオーラを発する自分でいること。政治家やスターという座に何十年も座り続ける人には共通の艶があります。闇を避け、天からの光、艶を身につけましょう。お手本になる人はあなたのまわりにもたくさんいます。

心をとらえる「目」と「眉」の使い方

「キャーッ！」

歓声が上がり、街頭演説を聞くために集まった100人ほどの女性陣が到着した車に駆け寄りました。いわゆる「黄色い声」というやつです。ドアをゆっくり開けて降りてきたのは細野豪志《ごうし》議員でした。

「ハンサムで背が高くて頭が良くて、細野先生はズルいですよねぇ！」隣に立っていた新人議員が吐き出した本気のため息に、思わずその議員の顔を覗き込んでしまいました。比べては申し訳ないですが、確かに、ため息が出ても仕方がないくらいオーラが違っている、と思いました（失礼）。

細野氏は言わずと知れたイケメンですが、ただのイケメンではありません。モテるべくしてモテている。**モテるなりのことをきちっとやっている**イケメンなのです。

細野氏は京都のご出身です。選挙区の静岡5区は、それまで縁の無い場所でした。見ず知らずの土地で、どうやったらこんな「キャーッ!」と黄色い声が上がるほどの人気者になったのか。それは徹底してファン作りをしてきたからだと聞いています。

出会った人を一人も漏らさず、絶対にファンにさせるための努力を惜しみません。笑顔を繰り返し、握手のときの目線を外さず、3種の笑顔を使い分けます。

◯人気アイドルのテクニックに学ぶ

また、細野氏は**遠くにいる人を見つけたときの目と眉の使い方**が完璧なのです。

街頭で車上に立って演説するときは、集まっている人を上から見下ろす形、有権者と反対側に車を止めて話す形が多いのですが、遠くにいるひとりひとりの有権者と目を合わせることはできません。ましてや個人的に声をかけるわけにもいきません。そんなとき、とっておきのテクニックがあります。

まず、誰かを見つけたら、目を大きく見開き、同時に眉を引き上げます。これは、「あなたを見つけて驚いている」というのと「来てくれたんですね！　嬉しいです」という「感動」を示す表情です。

これは、実は人気アイドル界では**「ファンサ」**と呼ばれ、コンサート会場で必ず実践するテクニック。数万人いる会場で、ある一定の方向に向かって視線を定めたら、指差しなどと同時に目を大きく見開き眉を引き上げます。

そうすると、その周辺に居合わせた人々は全員「今、目が合った！」と錯覚するのです。試しにコンサートのＶＴＲをこの視点で見てください。目を見開くと同時に眉を引き上げ、口角を上げて一定方向のファンに視線を送ります。それと同時に、その辺り一帯が黄色い歓声でいっぱいになるのです。

細野氏とは議員会館の地下通路でなぜかよくすれ違うのですが、私を見つけてくださったときには必ず遠くからこの日と眉を使って、「いやー、この間は！」と話しかけてくださいます。これで悪い気がする人がいるわけがありません。

頭の良い方ですし、心理学も相当勉強されたのだろうと思います。地元での小さな集会からいまや数千人を集める派閥のパーティーを率いるまで大出世されましたが、その源泉のひとつはここにあると私は思っています。

「使える髪型」を手に入れる

髪型に気を遣うのは女性が多いですが、男性でも武器として大いに活用しましょう。「武器としての髪型」というと、私はタレントのＹＯＵさんに、スタジオで初めてお目にかかったときのことを思い出します。

あのくしゃくしゃの無造作ヘアは、奔放《ほんぽう》なキャラクターを演出する重要なパーツのひとつでした。

計算され尽くした無造作ヘアが奔放なキャラクター設定を支え、ヘアスタイルという額縁に守られた、透明感のある真っ白で綺麗な肌が発言に真実みを加えているのです。

この厳しい業界で生き続ける人は、自分に求められるキャラクターを支える要素に手抜きをしません。

皆さんは、自分のヘアスタイルはどのような理由で決めていますか？ ヘアスタイルも自分を演出する重要なアイテムです。流行だから、似合うと言われたから、好きなタレントと同じだから……。**もうそんな理由で大切なヘアスタイルを決めるのはやめましょう。**

◯「ヘアスタイル」で大事なポイント

ヘアスタイルは、髪質、毛量、仕事の制限など、難しい要素がたくさんからんできますので、一筋縄ではいきません。

しかし、どんな場合でも絶対に押さえていただきたいポイントがあります。このポイントだけを押さえたら、ヘアスタイルは、あなたの表情を飾ってくれる素晴らしい額縁に進化します。

「どんな風に見られたいか」、それが何であっても**一番大切なのは「清潔感」**です。ここは絶対に外せません。YOUさんは完璧な清潔感をもってあの無造作ヘアを作っています。

女性の地方議員候補者で「ロングヘアでいたいが手入れができないのでどうしたらいいか」と相談に来た方がいらっしゃいました。

その方は、髪の毛が細くコシがなく、ドライヤーでボリュームを出しても、数時間でペタッと頭にはり付いたようになります。それに、早起きが苦手ということでしたので毎朝のブローの時間をとるのは難しいと判断しました。それで選挙前にロングヘアからグラデーションボブにカットすることをご提案し、髪を切ってポスター撮影をしました。

髪が細い人はボリューム感を出すことが難しく、特に湿気の多い季節には、細い髪が額にはり付き、どんなにシャンプーしていても不潔そうに見えてしまいます。**清潔感は、必須条件のひとつ。**ここを外すわけにはいきません。

その方は「魅せたい自分の姿」をつくることができ、初挑戦で見事当選となりました。

ロングヘアが大好きだった彼女には少しかわいそうでしたが、毛質は変えようがありませんし、毛量は年齢とともに減ってきます。悪条件が増えてくる中でそれに抗うのですから、昨日と同じ自分でいるには、さらなる時間と努力が必要になります。ロングヘアでいたいのなら、早起きをして、丁寧なブローと髪型をキープするスプレーが必須です。

「清潔感のある人」とはどんな人でしょう。毎日お風呂に入っている？ アイロンのかかったハンカチを持っている？ 「清潔感」を演出するには複合的な要素が必要です。

毎日シャンプーをしてさえいれば、清潔感を演出できるというものではありません。

清潔に見せるために絶対外せないのは、「艶」です。

髪の毛には必ず艶を加えましょう。丁寧なブローでも艶は出ますし、オイルを使っても良いでしょう。艶がなければ、どんな素敵なヘアスタイルも貧相になります。

この、艶の大敵に「ほつれ毛」があります。関西方面の方が「アホ毛」と言っているのを聞いたことがありますが、ヘアスタイルに逆らってポヨヨンと一人勝手にあちらに向いている毛。それらを何とかスタイルの中に押さえ込んでください。

手入れが苦手という人は、**毎朝自分でできるヘアスタイルの中で、自分のコンセプトに合うスタイルを決める**ことが一番簡単です。

清潔感を保ち、「私は〇〇のように見られたいから、このヘアスタイル」という自分なりの戦略を練り上げます。

男性の場合はヒゲやもみあげも自分を演出する大切なアイテムになります。**「好きだから」ではなく「こう見られたいから」という戦略**で、首から上のアイテムである額縁を利用しつくしてください。

眼鏡を武器にする戦略

眼鏡も髪型などと同様にあなたを演出するとても優秀な武器となります。

眼鏡は、顔にかけますので、話をするとき、必ず相手の目に入ります。それだけに印象に残りやすく、また、印象形成もしやすいアイテムです。活用しない手はありません。

さて、眼鏡選びには４つの要素があります。

色、形、素材、使うシーンです。この４つを確認したら、手に入れるべきものはだいたい決まります。眼鏡売り場に行ってから店員さんに勧められるがまま何となく決めてしまって、それを毎日かけるなんてナンセンスなことはもうやめましょう。

そして、最近はお手軽な価格の眼鏡も増えてきました。オンオフで使い分けるとか、アフターファイブにお目当ての誰かにドキッとしてもらうツールに活用するなど、コスパの高い必須アイテムとして利用しましょう。

◯眼鏡選びで重要な4つの要素

〈色〉

色は、自分のコアカラーを利用することでイメージを固める手伝いをしてくれます。また、逆に全く色を意識させないことで目元や目の動きを強調することもできます。

〈形〉

眼鏡の形は、上部の両脇が自分の眉の形と長さにあっているかどうかがポイントになります。

基本的に、**フレームの角が目立つものは、知性を見せます。**「角」は襟《えり》や袖口でも同様、直線的であればある程「刃」をイメージさせますので、切れる、頭が良い、回転が早い等の印象をもたらします。

やや子どもっぽく見える丸顔の方から「指導者として尊敬されるようになりたい」とご相談を受けたときは、横長のシルバー素材の眼鏡をご提案しました。すぐにその場でイメージが変わることで、ご本人も自分に自信がもてたと話しておられました。

逆に**全体的に丸いものは、平和な印象**をもたらします。眼鏡は顔を分断しますので、面長の人には便利なアイテムですが、面長の人独特の冷たい印象を緩和するにはフレームに丸みをもったものを使うと良いでしょう。

〈素材〉

これは、大きく分けて、**セル等の太さのあるフレーム**か、**金属系のフレーム**の二つに分かれます。

セルフレームは、色が豊富です。人に覚えてもらうにはコアカラーにこだわって選びましょう。お笑い芸人・南海キャンディーズの山里さんというとあの赤い眼鏡ですよね。

私が自分のコアカラーにしているのは、第1章でも述べたように「国会の赤絨毯の色」です。ですから眼鏡もこの赤絨毯の色を使っています。

金属系のフレームも様々な色がありますが、ゴールドかシルバーかはベースカラーで選んでください。イエローベースならゴールドでもOKですが、ブルーベースの人がゴールドのフレームをかけてもしっくりきません。ここだけは例外なくNGです。

ポイントは「細さ」と**「艶ありかマットか」**という点です。細くて艶があるものは、キラリと光るクールな印象になります。

〈使うシーン〉

日頃眼鏡を使う方は、オンとオフ、ビジネスタイムとアフターファイブなど、シーン別に違う眼鏡を使い分けることをお勧めします。

タレントさんがプライベートをカモフラージュするためにサングラスを使うのはよく知られていますが、最も効果的なのは、**太いセルフレームで顔の印象自体を変えてしまう**ことです。

著名な歌手の方で「この眼鏡をかけてでかけたら誰にも気づかれなくて、かえって寂しかった」という笑い話を聞いたことがあります。シーン別に使い分けると自分の気持ちも変えることができますので、気分転換にもなりますね。

あるとき、ポスター撮影で女医さんの眼鏡を選ぶことがありました。真っ白い肌にいつもかけている赤い眼鏡がとても似合っていたのですが、ブランドのロゴマークが丸出しだったのと、耳にかけるツルの部分がシルバーだったので、冷たさを演出していました。医者という「クール」な印象にもうひとつ「クール」を重ねてしまうことになり、「優しさ」を表現し難くなっていました。

私が選んだのは、印象的な赤は同じ系統の赤にしてイメージを崩さず、耳にかけるツルも同じ素材で、フレームは全体的にほっそりとした印象のものです。シルバーからイメージされる冷たいイメージをなくして、細さ、柔らかさを取り入れたフォルムで優しさを表現し、家庭の「お母さん」のイメージを加えることができました。

魅せたいイメージを決めたら、その表現を邪魔する要素を取り除き、フォルムなどで効果を加えると、うまくまとめることができます。

毎日使うものです。丁寧に、慎重に選びましょう。

第3章

一流は毎日「同じ服」を着る

「似合う服」は印象に残らない

今、皆さんが着ている服。今朝、どんな理由でその組み合わせにしましたか？ 昨日はあれを着たから、今日はこれ。アイロンがかかっているのはこれしかなかったから、寒いから、暑いから……。

特別なイベントが無い日でしたら、それでも無難に過ごせるのかもしれません。でも、重要なプレゼンがあるとか、待ちに待った合コンだとか、その日に選ぶ服装を決めるとき、危険なルールがあります。

それは、「似合う服を着る」ということです。

その服装が「似合う」とかつて言われたことがあるから、「似合う」と思っているから、という場合です。

その「似合う服」を「似合う」と思っている理由は何でしょう。「似合う服」とは、着ていて違和感が無い、いつもの自分でいられる、ということではないでしょうか。「着用に安心感のもてる、着慣れたコーディネーション」。これがいわゆる「似合う服装」になっていることが多いのです。

確かに、着慣れた服には、安心感があります。いつものカットソー、いつものストライプのネクタイ、いつもの自分に違和感はありません。

でも、その「似合う服」は、自分を引き立てる服装でしょうか。あなたの魅力を引き出して、あなた以上のあなたを魅せる服装なのでしょうか。

服は、社会の中で自分を守る鎧です。武将が戦《いくさ》に向かうとき、素っ裸で戦場に「いざ出陣！」ということはありませんよね。勝つ武将は、鎧を着て、武器を携えて、戦略と戦術を磨きこみ「いざ出陣！」です。

鎧には様々な色の糸が使われたり、装飾がなされています。時代劇やテレビドラマで見る鎧は、ハッとするほど美しかったり、勇ましかったりします。その鎧に使われるすべてのアイテムには、必ず理由があります。

向かう先が戦場なのですから、強く、勇ましく、猛々《たけだけ》しく、敵を威嚇《いかく》するものでなければなりません。そこには「優しさ」や「思いやり」などはほんの少しも混ざり込んではいけません。勝って生きて帰らなければならないのですから。

さて、洋服に絞って考えてみましょう。

「似合う服装」と思い込んでいるものは、先ほどお話ししたように「今の自分にとって着慣れた、違和感の無い服装」です。

それは、「相手にこう魅せたい」という狙いを戦略化したものとは全く異なります。

違和感の無い服装は、印象に残りません。町の風景にとけ込んでしまえば、存在感は薄まります。自分が安心できるだけの服装では、誰の印象にも残らない、イメージの薄い人になってしまいます。

ですから「似合う服」なんか着ていたら、いつまでも誰にも覚えてもらえないのです。

あなたが「モテたい！」「次のプレゼンでは絶対に勝ち取りたい！」と思っておられるなら、服装を武器にして自分の味方に取り入れてください。

出会った人で印象に残る人は、「違和感」を魅力に変換できている人です。

「似合う服」ではなく、伝えたいことを伝えることができる印象を残す服装に変えましょう。

「洋服」は鎧、「話し方・小物」は武器

政治とは無縁の生活を送っていた方を、選挙で勝つ「立候補予定者」にすべくお預かりすることがあります。私の仕事はその方を「勝つ候補者」にして選挙で勝って頂くことです。

しかし、そうしてお預かりする方々は、ほとんどの場合、選挙に関しては完全に素人です。それまでのキャリアや、知名度など一部分が特化しているだけの、とても危険な状態に置かれている方です。

特化している一部分を除いてその他は未発達。一分野で特化した経験をお持ちのため、そこそこの自信やプライドを持ち合わせているのですが、「それをどのように活用するのか」「どうやって伝えるのか」という部分に関しては、無頓着なことが多い

のです。

私が立候補予定者を預かって最初にすることは、パッと見の外見、話したときの印象を固定化させることです。第1章でも言及しましたが「一流が毎日同じ服を着る」のは、一度決めた戦略を貫き、イメージを固定させるためです。

話し方セミナーで耳あたりの良い話し方を覚えても、カラー診断で「あなたは○○が似合います」と言われてその色の服を着ても、高級なブランドバッグを持つことにしても、ほしいものは手に入りません。

そこに絶対に必要なのは**「戦略と戦術」**です。

ほしいものを手に入れるためには、そのための「道具」と「その使い方」を知らなければなりません。

その道具とは、「服装」「声のトーン」「持っている小物」であり、それらを対人認知の3種にどの割合で振り分けるかを考えなければなりません。

まず、先述したように、服装は「鎧」です。社会という戦場で自分の身体を守ってくれる鎧です。この鎧を疎《おろそ》かにして生きては帰れません。そこにどんな色をつけるかがコアカラーです。そして、その鎧にどんな飾りを付けるか、紋章はどんなものにするのかで敵（相手）に自分の意志を表します。

そして、話し方と小物は「武器」です。武器は、相手に直接触れるものです。声のトーン、言葉の使い方は相手の耳に直接届きます。ラの音で快活な印象で話すのか、ファの音で落ち着きを演出するのか。大股で歩いて堂々としている印象を魅せるのか、鞄の大きさと色やデザインで得意な分野をメッセージとして示すのか。

◯「知性」を魅せる戦略と戦術

たとえば、中肉中背でフツメンの男性が、「知性にあふれ頭の回転が速いけれども親しみやすい人」を演出して「転職採用を狙う」のでしたら、**「知性」を表す小道具**

を使います。小道具は、眼鏡、本、ノート、スタイリッシュな印象のペン、鞄は角のあるビジネスバッグがいいでしょう。ショルダーバッグでは「知性」とは反対方向になります。

服装は、知性を切れ味で表す「襟」のある服にします。襟の角はシャープな印象を作ります。例えば丸首のTシャツは「シャープ」な印象とは真逆です。靴は革靴で多少リラックスした印象に整えるにしてもスリッポン程度が最低ランクでしょう。スニーカーは使いません。


ここまでで、「知性」を魅せる要素は60～70％できています。

さて、これで話し方も「知性」で攻めたら、出来過ぎでうんざりしてしまいます。

そこで、バランスをとって印象を整える親しみやすい要素を加えます。

話し方では、1分間に約350文字話せるくらいのやや早口で、声のトーンは中間の「ソ」の音。それに口角を横に引ききった「親しみやすさ」のスマイルを付けます。

そして、話す内容の中に、自分の失敗談など、人に話して「共感と安心」を与える要素を付け加えます。第1章でもご紹介した「引き算」ですね。

「清潔感」というベースの上に乗せた「服装」「小物」で演出した知性から、話す声のトーンと内容で引き算をして、バランスを整えるのです。

「誰にどう思われること」が、ほしいものを手に入れるための近道になるのか、考え抜いて実行するのが「戦略」です。

この全体の構成を実行するための外見、話し方が「戦術」なのです。

「服装」「小物使い」「話し方」、この3つを同時に同じ方向に向かって足したり引いたりして100点にすることが、人生の戦略と戦術です。

立候補者は敵を見定めて勝つことをターゲットに絞り込んで戦略を整えます。そしてそれが決まったら後はただ戦術を身につける。筋トレとほぼ同じです。演説、握手、お辞儀、話し方、笑顔の使い分け、これらを固定化させた印象にするために、厳しい筋トレを毎日繰り返してもらいます。

ほしいものがはっきりしたら、後は手に入れる方法とその道具を使いこなす筋トレをするだけです。

「意外性」は自分でつくる

秘書時代、後輩秘書達から「結婚したい!」「彼氏がほしい」とか、男性の秘書君からも「姐さん、彼女いない歴30年です。助けてください」と悲鳴に近い訴えを聞かされたことが何度もありました。

それで、年に2回、総勢100名ほどの参加者で大合コンを開いていました。メインは女性秘書達で(男性秘書君ごめん)、男性陣は霞ヶ関や赤坂の町おこし関係の方々です。

その中に一人、3回の大合コンを経ても恋人ができない秘書がいました。

彼女は、美人でした。

しっかりとした頑張り屋さんで、公設秘書に抜擢されてからはさらに頑張って、早朝の会議から夜の会合の代理出席まで文句も言わず、笑顔でこなしていました。印象も良いです。

服装は職場環境から仕方なく黒っぽくはありましたが、可愛らしいアクセサリーが好きらしく、ピアスにネックレス、所々にリボンも配され、女子力高めで、メイクはいつもパーフェクト。唇はいつもグロスでぷりぷりしていて、付けまつ毛は欠かしません。忙しいのにどれだけ早起きしているんだろうと思うほどでした。

仕事は真面目、評判も良く、装うこともしっかりしています。それなのにどうしてモテないのだろう。私も不思議に思っていました。

ある日、彼女から「結婚したいので真剣に相談に乗ってほしい」と電話があり、会って話すことになりました。

◯なぜ、美人でオシャレなのにモテないのか？

彼女は、いつも通りの黒っぽくはありますが可愛らしい服装に丁寧なメイクで、待ち合わせたホテルのラウンジのドアを開けて入ってきました。

いつもの通り。

この姿を見て、私はハッとしたのです。

いつも、彼女はこの姿なのです。

同じ雰囲気の服装に同じ雰囲気のメイク。

しっかり丁寧に、それもいつも通り。

「これだ！」と思いました。

彼女に欠けていたのは「意外性」だったのです。

仕事は常に完璧。

負の感情は表に出さず、いつも静かな微笑みを保って丁寧に仕事を進める。服装も乱れることは無く、しかも自分の個性をしっかり出していて、「秘書だから」というくくりにとらわれずに自己表現している。

これが、毎日どんな場面でも同じだったら、彼女の色合いは「一色のクレヨン」でしかありません。

端から見ていて、ドキッとする場面が皆無だったのです。

意外性の一つに「色気」というものがあり、彼女にはその色気を含む「意外性」全体が欠如していました。これは、これまでお話しした「イメージの固定」と矛盾するものではありません。普段、イメージを固定させているからこそ、ふとした瞬間の「意外性」でグッと魅力が増すのです。

そこで、私は彼女にこう言いました。

「これで絶対に声がかかるようになるから。やってみない？　『え？』と思われる瞬間を作ろう」

まず、**「仕事モード」と「プライベートモード」**を作る。「仕事モード」のときは、仕事に専念できる、クールでビジネスライクなドライな印象。だから、アクセサリーは、仕事中は全部外し、レースやリボンなどの可愛らしさを演出するアイテムは全て外す。仕事中に女子力を示す必要はありません。

そして「プライベートモード」、つまりアフターファイブはウエットな要素を外見に加え「隙」を作ります。普段と違う自分をあえて毎日作ることで、周囲から「意外！」という視線を浴びるようになります。

「え？　どうしたの今日？　どこか行くの？　デート？」と言われるようになったら、もう成功しています。本人だって悪い気はしません。「そんなことないですよ。高校時代の友人達と女子会です」と言っても信用されなくなってきます。

◯見た目を変えれば、中身も変わる

オンとオフを作り、そこで「違う自分」になることで、彼女自身も動きや言葉遣いが変わってくるのです。「見た目」は自分自身にも効果がハッキリと出ます。

鏡に映る自分自身の姿が、さっきまでと違うと、ワクワクしてきて、ドーパミンが分泌されます。そうすればこっちのもの。「意外性」があちらこちらから自然と垣間みられ、異性の視線を浴びるようになってきます。

こうなると次にやってくるのは「自信」。こうしたら良い気分になるという成功法則を体全体が覚えていますから、オンオフの使い分けに楽しさが加わります。これが私が密かに思っていた「勝ち女の法則」です。

この変身をしてから、6ヶ月後。「結婚することになりました〜」と、ビックリニュースを抱えて私のところにやってきました。これには本当に驚きました。

彼女は、あえて「オンオフ」を演出し、意外性を作り出す作業の中で、自分の魅力を改めて見直し、自信を取り戻してゆくことができたのでしょう。

彼女が最終的に得たものはあえて「隙」をつくること。

「隙」は、誰かに入ってもらう場所があるという意味の「空き」であり、心が「透き」通って見える魅力でもあり、異性はそれが「好き」なのです。

「オンとオフを使い分ける」という言葉を具体的に示したのが彼女でした。ほんの少しの工夫で、あなた本来の魅力を周囲に伝えることができます。

今、彼女は2人のお子さんに恵まれつつ幸せな日々を送っています。めでたし、めでたし。

骨格診断で、自分のタイプを見極める

服装を武器にする場合に注意していただきたいことは、「自身の体型」によって、NGな服地があるということです。どんなに戦略を練って工夫をこらしても、NGを選んでしまえば、全身の印象がそれに左右されてしまいます。

たとえば私は「ツイード」という生地が好きで、気に入ったブランドでツイードのジャケットを2着持っていました。でも、あまり着る機会が無く、いつもクローゼットの定位置にぶら下がっていました。

あるとき、どうして着る機会が無かったのか、判明したのです。

「今日はこのジャケットにしよう」とインナーにいろいろ合わせてみるのですが、なんとなく決まらない。何がダメなんだろうと思って鏡に映る自分を見ると、理由はハッキリしました。

太って見えるのです。だから、いつも何かと組み合わせて悩んでは、別のジャケットを着て出かけてしまうのでした。それで、気に入って購入していたにもかかわらずそのジャケットを着て出かけるチャンスが無かったのです。

私は、本項でご紹介する「骨格診断」で言うといわゆる「ストレートタイプ」でした。骨格診断は、骨と筋肉と肌の質感で、その人に似合う服地とスタイルを診断するものです。ここでは、NGを確認しましょう。それだけで、似合わないものを避けることができます。

簡単に3つに分けることは難しいのですが、私はこの診断法を見つけてから、自分にとって「OKなもの」と「NGなもの」を知ることができ、ムダな買い物をしなくなりました。

丁寧に診断するには直接体型を見る必要がありますが、ここでは、大まかに自分の体型を判断して進めることにします。

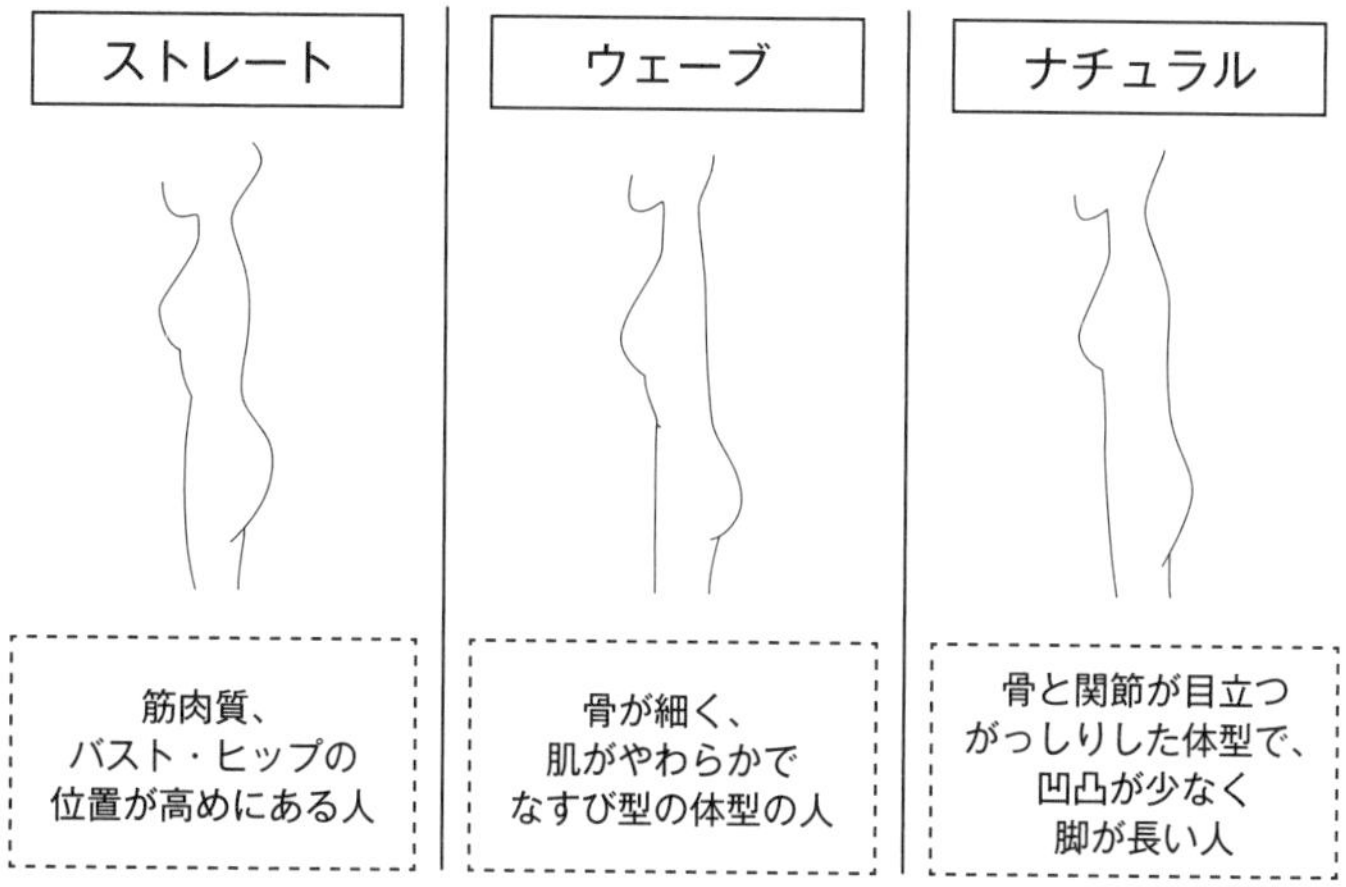

	OK（やせて見える）	NG（太って見える）	気をつけること
ストレート	高級感、光沢感、艶のある生地、胸元が広く開いているもの	ツイード、太めのニット、胸元の詰まっているもの	着太りしやすい。縦長のシルエットにまとめる
ウェーブ	シフォン、スエードなどすけ感を印象づけるもの	身体にぴたっとしたデザイン。薄手の生地、縦長に見えるもの。胸元が広く開いたデザイン	メリハリをつけること。トップを大きめにすることでバランスをとる
ナチュラル	ツイードや厚みのあるものでボリューム感を出す（コーデュロイ、ドロップショルダー）	身体の線がでるものはガッチリとみえてしまう	上下どちらかに重心をもったラインをつくる

筋肉質でバスト、ヒップの位置が高めにある人は、**ストレートタイプ**。

骨が細く、肌がふわふわとやわらかでなすび型の体型は、**ウェーブタイプ**。

骨と関節が目立つがっしりした体型で凹凸が少なくて脚が長い人は、**ナチュラルタイプ**。


立候補準備をされている、ある女性クライアントがいました。

その方は、ナチュラルタイプで、いわゆるカッチリとした真面目な印象のスーツが似合いません。大ぶりのストールやワイドパンツを着て頂くとモデルさんのようにとても格好いいのですが、それでポスター写真を取るわけにはいきません。

そこで、服地はツイードに近いものにして、胸元を狭く、アクセサリーをつけずに横向きで撮影しました。そして、ホームページで使用する写真では、リネンのシャツを着て頂き、くつろぎ感と自然なイメージを出しました。とても苦心しましたが、その方の良さをくっきりと印象づけることができました。


自分の良さを活かすためには、NGを知ることが初めの一歩です。

服は、ブランドではなく「国」で選ぶ

「オシャレなのに残念な人」とはどんな人でしょうか。

胸にはパフのポケットチーフが素敵なアルマーニのジャケットに、ブルックスブラザーズのボタンダウン。ダンヒルのスラックスはセンタープレスが効いていて、よく手入れされたシルヴァノ・ラッタンジの靴はピカピカと光っている。手にはトゥミのビジネスバッグ。

季節感も色調も揃っていて、「頑張っている感」はヒシヒシと伝わってくるのに、「頑張っている」以外は何も印象が残らない。なんとなくしっくりこない。こんな残念な人をたまに見かけます。この「鉄壁ルール」を知る前の私は、まさに「頑張っている残念な人」でした。いま思い出しても顔から火が出ます。

コーディネートをもう一度見てみましょう。

ジャケットで選んでいるジョルジオ・アルマーニは、言わずと知れたイタリアのオシャレブランド。イタリア製のものは、基本的に生地も革も薄くてしなやか。柔らかくて手触りの良いものが多く、そこがエロティックな印象につながると言われています。

そして、シャツはブルックスブラザーズ。「ボタンダウンと言えば、アメリカのブルックスブラザーズ」と言われるほど知名度も高く、私も秘書時代に地元入りするときはよく着ていました。オックスフォードと呼ばれる生地を使用していますので、ぶ厚くて堅牢。出張先のビジネスホテルの全自動洗濯機で毎日ガンガン洗って叩いて干して毎日同じものを着ていることができました。

毎日洗って着ていられたのは、アメリカ製だったから。アメリカは、どんなに過酷な気候でもそれに耐えて着回せる生地を作るのが得意です。ジーンズの発祥もアメリカですね。どこか一カ所ダメージで穴が開いたとしても、それで着用不能になるようなことはありません。

シルエットもストレートで、どんな体型の人にもマッチするようにカッティングされています。

スラックスはダンヒル。「エンジン以外なら何でも揃えている」といわれるイギリスのトップブランドです。かつてイギリスのジャケットは、馬に乗るときの美しさを求めて背中の真ん中に切り込みを入れた「センターベント」で作るのが伝統でした。ですからスラックスも、センターベントに合わせて股上の深さやヒップのゆとりを作ります。

ちなみに、イタリアは、サーベルを提げる美しさを優先したのでサイドベンツといってジャケットのスリットを両端に入れるスタイルが基本です。ですからその下に履くスラックスのウエストの位置もポケットもそれに合わせて作られています。

○「国でまとめる」のがオシャレの鉄則

賢い読者の皆さんは、もう気がつかれましたね。

オシャレなコーディネートをするポイントは、「国でまとめる」ということです。

ジャケットがイタリアだったら、生地も繊細で柔らかく傷つきやすいものであることが多いです。シャツもしなやかな素材で、パンツも靴も「柔らかさ」と真逆なものは避けてまとめると失敗せず、オシャレに見えます。

コーディネートとは、まとめあげること。

自分を魅せるオシャレの基本は「国でまとめる」。これが基本です。

ですから、イギリスのカッチリした印象のスラックスの下にイタリアの柔らかい革でよく鞣《なめ》された靴は、マッチしないのです。そこに手に提げる鞄が機能性の高さを最優先されたものだと、どうしても全身がバラバラに見えてしまいます。

機能性を優先する場合は、「アメリカ、ビジネス」というキーワードでまとめると失敗しません。むしろ、ニューヨークのクールで知的なビジネスマンの雰囲気をつくるにはとても頼りになります。

ボタンダウンは元々スポーツをするときにシャツの襟が頬に当たるのを避けるために襟をボタンで留めたのが始まりです。ボタンダウンのシャツはスポーツウェアです。ですからイギリスではボタンダウンにネクタイを着けません。

でもこれをNY風にするなら、カジュアルで機能的なタイを合わせ、靴もリーガルの堅牢なものを選ぶと全体に統一感が生まれ、「この人は、知的なビジネスマン」という印象をつくることができます。

これがオシャレの大原則。鉄壁ルールです。

歴史と気候の違う国の服をミックスするのは、相当の計算が必要です。それもオシャレ上級者になってチャレンジするのも楽しみですね。

勝負服は「オーダーメイド」にする

ダンディーでオシャレな議員というと、麻生太郎氏が思い出されます。元総理大臣ですから、お召しになっているスーツもこの上なく上等なモノなのでしょう。黒に近いダークネイビーから、明るめのグレーのスーツ、クールビズをアピールする場面では麻のジャケットでも登場されます。

国会でもよくお見かけしますが、とにかくいつもカッコいいのです。パリッとしたスーツに淡いパープルのソリッドタイ、番手の細い糸で織り上げられた上等なスーツは、身体の動きを柔らかな光沢で表します。

色や柄ではなく、麻生氏のスーツがいつもあんなに素敵に見えるのには理由があります。それは、サイズも色調も自分にピッタリと合ったものを選ばれているからです。

スリーサイズや袖の長さなどはもちろん、横から見たときに、自分の首とシャツの襟とジャケットの襟がピタッと重なること、上着の袖口からちらっと見えるシャツの分量、そして体型にマッチしたボタンの位置。

麻生氏のスーツを仕立てている老舗テーラーのご子息とお知り合いで、ご自身もテーラーを営んでおられる方が、「特に足下に気を遣われていると聞いたことがあります」と話していました。確かに、麻生氏の写真を見ると、パンツの裾が綺麗に伸びています。足下に絡まったり、靴の上にシワを作ったりしません。

海外の要人と並んで写真に納まったときに、醸《かも》し出す雰囲気で引けを取らないオシャレな姿に、見ているこちらも嬉しくなってしまいます。

◯意外とお得な「オーダーメイド」のススメ

しかし、何と言っても麻生氏ですから相当高級なお仕立てのスーツのために、あんなに素敵なのでしょう。でも、ここで諦めることはありません。

今の時代、**セレブではなくてもオーダースーツを手頃な値段で作ることは可能**です。

もちろん、セミオーダーでも、立派な「勝負服」ができます。**セールの安物を何着も着潰すよりも、自分に合ったオーダースーツを大事に着るほうが、長い目で見ればコスト面でもお得です。**

もちろん既製品でも素敵な洋服はたくさんあります。コアカラーをポイントにおいて、自分のメッセージが届くデザインかどうかよく見てください。

そして試着するときには確認するポイントが二つあります。

それは**「シワと艶」**です。

ジャケットなどの上着を試着したとき、シワが縦に入っているときは自分の身体にはサイズが大きいのです。逆に横に入っているときはサイズが小さい。肩幅は合っているのだけど胸の厚みが合っていないことなどがあります。シワを見逃すと、どこかが引っ張られたりだぶついていたりして、着心地の良い服とはなりません。

同じように艶もよく見てください。生地の艶は、光の下では影を作ります。その影が深く濃く入り過ぎて見えるものは**自分の身体には厚みがあり過ぎる**ものです。サイズが合っていてもブカついて見えるものは影が濃くなるのです。

◯「オーダーシャツ」の意外な効能

オーダーシャツは、オーダーの価値を知らせてくれるとても素敵なアイテムです。私も初めてオーダーしたのはシャツでした。

初めての採寸はあらゆる場所を丁寧に計ります。首や胸回りだけでなく、背中の真ん中から手首のくるぶしまでの長さ、胸囲と胴囲の差であるドロップ寸、肩甲骨からヒップにかけての立体的なライン等々、メジャー片手に、こんなに調べられてしまって、ちょっと恥ずかしくなるほどでした。

１ヶ月ほどして出来上がってきたシャツは、選んだ生地、カフスやボタン位置など、ひとつひとつのアイテムが全て私仕様。そのシャツを初めて着用して一日過ごし、家に帰って着替えるときに驚いたことがあります。**「あれ？　今日シャツ着ていたんだ！　肩が凝ってない！」**ということでした。

シャツは肩が凝るから敬遠していたのですが、その日はカットソーを着ていた感覚でした。身体に合わせて作るというのはこういうことかと実感したことが忘れられません。

これに感動して、その後も勝負スーツをいくつか作りましたが、着ていてこんなに疲れない服はありません。移動時間が長くても、シワになり難く、移動先ですぐに壇上に上がってお話をしなければならないときでも、自信をもってマイクの前に立つことができます。私だけのために誂《あつら》えた鎧が、私を応援してくれるのです。

オーダーに目覚めてから、ムダな買い物をしなくなりました。私のクローゼットにあった身体に合わず、顔に映りの悪い服には全部感謝してお別れをしました。そのお陰で、クローゼットはスッキリ。タンスの引き出しの中にはいつでも隙間があります。

一日一緒に戦ってくれた大切な洋服には、帰って来たらブラシをかけて、シワを伸ばして、ぴったりのハンガーにかけて疲れを取ってもらいます。「ありがとう。またよろしくね」と声をかけて。

人生にはいろいろな投資があります。学歴をつける、知識を得る、資格を得る等々。そして、見た目をつくる一番手っ取り早くて効果のある端的な投資は、服装を整えることです。自分が一瞬で変わることができるアイテムは利用しない手がありません。「服」は「苦」を打ち消す「不苦」であり、「富」を「久」しくもたらす「福」なのです。

大切な戦《いくさ》の日、自分の身体にぴったりと合った鎧で勝負に挑む。

自分だけのために作られた鎧は、戦う自分を勇気づけ、助けてくれる戦友なのです。

胸元で「立場と経歴」を表現する

スマートフォンの出現で写真をとるのも気軽になり、ここ数年で誰もが写真に写ることや自撮りが上手になりました。カメラの性能も上がり、デジタルカメラを持って歩く人はあまり見かけなくなりました。

さて、私たちは撮ることも撮られることにも慣れてきていますが、写真で伝えたいメッセージがしっかり伝わっているかどうかというと疑問です。

Facebookやインスタグラムで雰囲気の伝わる写真をアップするのは上手でも、履歴書などで利用する証明写真のクオリティに納得がいかない人も多いでしょう。

そこで**すぐに実践できる簡単なテクニック**があります。これは、**選挙の公営掲示板に貼られているポスター用の写真撮影のときに使うルール**です。

履歴書や、プロフィール写真にこのテクニックを導入して、他の人と差をつけてしまいましょう。

◯バストアップの鉄則

証明写真は、通常正面を向いて撮影しますが、個性を表現することが許される場面やFacebookのプロフィールなどに使用する写真は、もう少し動きを持たせると、全体に立体感が出てイキイキとして見えます。

証明写真などは胸から上、バストアップで撮影しますね。

男性にとっても、女性にとっても、**胸元は経歴と権威、そして色気を表現するとても重要なポイント**です。

まず、スーツを着て撮影する場合、カメラに向かって横向きに立ってください。カ

爪先はカメラの
垂直方向に

おへそから上を
カメラに向ける

メラから見えるのはあなたの横顔です。そして、カメラに近い方の足の先をカメラに垂直に向け直してください。爪先は、カメラの向こうの誰かに向ける、というイメージです。

次に、おへそから上をグッとカメラに向けます。胸の下にある心臓をカメラに向ける、というイメージ。

これで上半身をひねっているような状態になります。この時気をつけるのは、**間違っても顔だけカメラを向かない**、ということです。

ちょっとキツい姿勢ですが、いま鏡に向かってやってみてください。どうでしょう。胸元の面積が広く見えませんか？　しかも、鏡に向かって真っ正面で映っているときより、上半身をひねっているときの方が立体感が出ているはずです。

胸元は、厚みを見せることで、それまで自分の心臓とともに生きてきた**人生の経験と権威を表現する場所**です。ですから、その大切な場所に使うワイシャツの襟のサイズとデザイン、そして男性ならばネクタイ、女性の場合は開きの面積とアクセサリーには細心の注意を払ってください。

シャツの襟元では、男女問わずサイズの他にしっかり選んでほしいのが襟の形です。中学校の制服で着ていたカッターシャツのような細い襟元のワイシャツをスーツの下に着ている方を見かけることがありますが、もうそろそろ卒業しましょう。

襟元は、開けば開くほど「色気」がこぼれてくる大人のスペースです。襟が180度よりもグッと開いているのはカットアウェーですが、ワイド、せめてセミワイドくらいの開きを保つと、アフターファイブなどにも応用が利きます。

○「SMAP」の謝罪会見に見る「ネクタイの秘密」

2016年1月に放映された「SMAP×SMAP」（フジテレビ）での、メンバーの謝罪シーンをご覧になった方も多いでしょう。

私はSMAPファンですので複雑な思いで観ていましたが、議員のテレビ出演や記者会見、出馬・当選会見をセッティングする立場からあのシーンを分析すると、いろいろ興味深いことがわかります。

それぞれのネクタイの柄がくっきりと映し出され5人の立場を表していたのです。

木村さんのネクタイは白と黒の千鳥格子（＝千鳥格子は元々猟犬の牙を模したイギリス発祥のデザイン。歴史と正当性を表現）。

中居さんは黒地に白の小紋柄風（＝落ちつき、風格、リーダーを表す）。

稲垣さんは黒地に白の水玉（＝水玉はエレガント、華やかさを表現する柄）。

香取さんは黒地に白の星柄（＝星はスター、希望の光を表現）。
草彅《なぎ》さんは白と黒の柄物ストライプ（＝革新を表すのがストライプの役割。柄でそれを和らげて表現）。

真実の事情は知る由もありませんが、このネクタイと彼らが語った言葉を組み合わせると、ピッタリと重なったのです。

正当性のある白い牙の木村さん、何があろうと自分はリーダーで在ることを示した中居さん、ご自身の謹慎処分明け挨拶でも本心の動揺を見せなかった美意識の高い稲垣さん、最年少だからこそ、本当はもっと言いたいことがあって、言葉に詰まった香取さん、売れない苦労が一番長く、やれと言われたことは何であっても挑戦し続けてきた草彅さん。

ネクタイは伝えたいメッセージを表現します。何となく選ぶのでは、間違ったメッセージを伝える怖れがあるのです。選び方にも慎重になりましょう。女性であれば、インナーはシャツかカットソーですね。その場合はボタンの開きに気をつけてください。

◯胸元の「秘密の作法」

オーダーでシャツを作る機会がありましたら、**ボタン位置**にもこだわってください。女性の場合は全部閉めることはあまりありません。首の一番上のボタンを外します。これがビジネスの開き。丁度、鎖骨と鎖骨の間のくぼみが見える開き加減です。

オシャレをしているのにモテないと嘆く人はここを間違っていることが多いのです。

胸元をこれでもかというほどググッと開けてキラキラと揺れるピアスに香水たっぷりという、まるで叶姉妹のような色っぽい人が朝から隣に座っていたら、ちょっと濃すぎて食傷気味。

朝には朝の顔でいることが大切です。キラキラと光るものは異性の気を引くために身に纏うので、ビジネスタイムはごく控えめな40センチのネックレス程度で静かにしておきます。

そして、アフターファイブに宴席があるときこそがチャンスです！　そのときに初めてもう一つボタンを外してください。もちろん、揺れるアクセサリーはそのときに改めてつけます。

そのときのボタンの位置は先ほどの鎖骨と鎖骨の間のくぼみに人差し指をあてて指の付け根まで開けてください。普通のシャツでしたら二番目のボタンでしょう。

その宴席でお目当ての誰かに「ちょっと飲み直さない？」と声をかけられたらしめたもの！　次のお店に着くまでにもう一つボタンを外しましょう（そんなときでも、開きはバストトップから上に4センチまでですが）。

女性が着るカットソーの場合は、鎖骨の中心から中指一本分開いていても大丈夫です。カットソー着用時の鉄則は必ずネックレスで肌を分断すること。これで不要な色気が消え、ビジネスタイムもキリリと過ごすことができます。

カットソーの日のアフターファイブはネックレスを大ぶりな長めのものに変えることです。そうすると胸元に長いVゾーンが作られて、カットソーの下にある胸元への視線を誘い、「意外性」がアップします。

私が立候補者をお預かりしたときには、日中の堅い挨拶や演説の場面と、夜の後援会の方々との交流の場とでは、必ずこのルールを使って頂きます。

意外性が色気を魅せるのです。昼間と違う顔を持つ。モテる人は誰もがこれを徹底しています。

すぐ実践できる！武器になるおすすめ小物

服装は自分自身を守る鎧です、とお伝えしました。とすると、手に持つものは全て武器です。

〈ペン〉

ペンは「書き取る」「書き出す」もの。自分の頭の中にあるものを抽出する道具です。ですから、役割は**「知性」の表現、補充**です。

地方議会議員に立候補される方からご相談があったことがあります。「自分はどうしても議員になってやりたいことがある。でも工業高校卒業で、学歴がないから無理だと言われた。高卒では当選は無理なのでしょうか」というものでした。

選挙に立候補するということは、国民に与えられた被選挙権という権利のひとつを活用するということです。そこに家柄や学歴や収入の制限があったのは、戦前の日本の話。地方議員はもちろん、国会議員も学歴など一切関係ありません。そうお答えし、ご本人が気にされている「学歴の不足」を補うためにペンを利用しましょうとご提案しました。

その方は若い頃のお仕事柄から、手がごつくて皮膚もごわごわしていました。ですので、そのごつごつに負けない太くて強い印象のペンをご提案し、常にジャケットの胸ポケットに差して持ち歩いて頂くことにしました。

また、集会や会議などで話すときには、必ず手に持ってもらいます。そうすることで、ゴツゴツした手（＝人生経験）に、ペン（＝知性）を加えることができ、「親しみやすさ」に「信頼」と「リーダーシップ」を加えることができたのです。1年間の準備期間を経て見事当選され、今も地元の信頼を得て活躍されています。

〈名刺は命刺〉

自分の名刺を気に入っていますか？

名刺は自分の代わりに自分を伝え、相手に自分を覚えて頂くための大切なアイテムです。政治家にとって名刺は身代わりともいえる大切なもので、私はポスターと同じレベルの最重要アイテムだと考えています。

ですから、名刺に写真を入れる場合はポスターと同じ印象のもので、名前と顔と「どんな良いことを自分にしてくれる人か」という点を印象づけるように作り込みます。

名刺交換はとても大切な場面になりますので、そのとき、**先方の名刺を受けるための名刺入れは、相手の社会的命をお受けする「台」**になります。汚れていたり、子どもっぽかったりするのでは失礼ですね。

〈名刺入れの基本〉

名刺入れは、先方の名前を受けるお盆の役割をしますので、**革製のオーソドックス**

なものにするのが安全です。でもそうすると、何となくつまらない黒か茶のものになりがちなのですが、ここに自分のコアカラーを使いましょう。

ベースカラーと伝えたいメッセージから決めたコアカラーの名刺入れは、初対面のあなたを印象的に伝えてくれます。身につける小物全てにいえることですが、このコアカラーを小物のどこかに忍ばせることで、持ち物に自分自身の「分身性」が出ます。**名刺もペンも名刺入れも、全てのものは自分を相手に伝えるためのメッセージを秘めています。**せっかく出会った目の前の方に、自分自身を余すところなく伝えるための武器です。丁寧に選びましょう。

ついでにひとつ。名刺入れは先方の名刺（＝命刺）、命をお受けするもの。折り返し側（丸くなっている部分）を先方に向けて、「切れている」部分は手前に。先方の名刺をお受けする際には、名刺に書かれたお名前や、会社のマークをお受けする自分の指で隠すことのないように気を配ります。そして、お受けしたら恭《うやうや》しく押し頂きましょう。出会ったことに感謝して「頂戴《ちょうだい》いたします」と言いながら、両手で名刺入れごと少し上に捧げてお辞儀します。

名刺交換は自分以外の命に対する礼儀。たかが名刺と思っていたら、自分自身も「たかが○○さん」と扱われます。出会ったことに感謝をする。この気持ちを形に表す。そのためにも「台」はよく磨いておきましょう。

〈バッグ・鞄〉

仕事をする身にとって、バッグや鞄は毎日欠かせません。**その鞄を持っている自分を鏡に映してみてください。**いかがでしょう。A4の書類が入る大きさだとしたら、他人から見える自分の全体像の表面積10％以上を占有していませんか。**鞄は服装の一部です。**自分が伝えたいメッセージを言葉の代わりに伝えてくれるものです。

骨格診断で「ストレート」な私は、ツルッとした艶のある素材が似合いますので、ビニールコーティングされたものやエナメルが多くなります。

以前、介護施設を経営されている方から持ち物のアドバイスを求められた際、私は、その方がご愛用されている古い鞄を使い続けられることをご提案しました。すり切れた角を補修し磨き直しをして頂きました。

今あるものを、大切に愛着もって使う姿勢を表現することで、介護施設経営者としての姿勢を伝えたかったのです。その方が一層のご発展をされているのは、鞄一つにもこだわって「魅せたい自分の姿」を妥協なく追求したからに他なりません。

◯野田聖子議員の「鞄戦略」

ある勉強会で、野田聖子議員を講師にお招きしたことがありました。当時野田氏は自民党の総務会長という重たいお役。

総務会というのは、自民党の中の最高の意思決定機関で、法律案は、「部会→政調→総務会→与党協議」というプロセスを経なければ提出できません。全会一致でなければ審議が通らない、そんな党内の最重要機関の一つの責任者である、厳しいポストにおられたときでした。

会場に到着する野田氏の車を迎えに地下の駐車場で待っておりましたら、やってきたワンボックスカーから「お疲れさまです！　よろしくお願いします」と笑顔でサササッと降りてこられました。

そのとき、私は野田氏の持ち物に目がいきました。私が持っているものと全く同じ色、同じデザインのバッグだったのです。

野田氏も私の手元のバッグを見つけて、互いに「あら！」と言って笑いました。「これ、使いやすいのよねー！　もうずいぶん古いんだけど」とバッグを持ち上げて笑いました。私はつられてうっかり「そうなんですよね。私も手放せなくて」と、瞬間、旧知の友のような気持ちになってしまいました。

私がそのバッグを選んだのは、革製なのに鞄自体が軽くて丈夫なこと、Ａ４が入る大きさで、上が開いている何でも出し入れしやすい形状、重くなれば肩にもかけられること、そして色が綺麗なパープルだったので、ダークな色調のスーツに柔らかさを添えてくれるからでした。

確かに、そのバッグに新品の輝きはありませんでした。でも、使い込んだシワや丁寧に磨かれた鈍い艶が「一緒に働いてきました」という誇りを見せてくれます。

野田氏の、女性ならではの柔らかさ・優しさを伝える役割を果たしていました。

男女の差無く、その厳しい世界を登ってゆく方は、しっかり客観視できる戦略を持っているのだ、とため息がでた日でした。

自分の周りにある小物達は、自分の人生を牽引《けんいん》してくれる大切な武器なのです。

何色の、どんな形のどんな素材の小物を脇に揃えるのか。それだけで伝わるメッセージに命が加わります。

第4章

相手を瞬時に魅了する作法

一流の「心をつかむ」話し方

「廊下空けて！」「そこよけてくださーーい！」

その日は議員のスキャンダルが週刊誌で報道された日で、いつもよりカメラマンが多いせいか、議事堂内は殺伐《さつばつ》とした雰囲気でした。

そのとき私は、国会見学で初めて議事堂を訪れていた2人の女子大生を案内していました。議員食堂でランチを済ませ、廊下へ出たところでその光景を目の当たりにしたその女子大生は、目を見開き「凄いですね」とつぶやきました。

「眠気が覚めてちょうど良かったかもしれなかったわね」と、笑いながら廊下を進むと、代議士会に向かう議員の群れの中に、小泉進次郎衆議院議員がいました。女子大生2人は、すでに頬を紅潮させ、まんまるになった目で進次郎氏を追っていました。

「小泉進次郎先生がいるわよ。ご挨拶する？」

「え？　良いんですか⁉」

政治に興味を持ってもらう絶好のチャンスです！

「進次郎先生、今日は国会見学で女子大生をお連れしているのですが。握手していただけますか？」

進次郎氏は「もちろんです！」と仰ると同時に、緊張で立ちすくむ2人を目で捉え、彼女達の方にさっと歩み寄りました。

しっかりした体躯を包むダークグレーのスーツにセミワイドのクレリックシャツ、ネイビーのソリッドネクタイにTVホールドに畳まれた白のポケットチーフ。

オシャレな印象が嫌みにならないのは、**色と柄と分量がきちんと計算された組み合わせ**であるからです。

そして、これでもかというほどの爽《さわ》やかな笑顔で握手。2人はあっという間に魅了されてしまいました。

進次郎氏「出身はどこなの？」
女子大生「秋田県です」
進次郎氏「おお！　ちょうど明日、秋田県の大潟村に行きますよー」
女子大生「そうなんですか。大潟村といったらお米が有名なんです！　ぜひ召し上がってみてください」
進次郎氏「そうだね。あなたも大学生だからといって勉強だけじゃなく、ちゃんと遊ぶこともしてくださいね！」

「はい！」と、女子大生が頬を紅潮させ応えるのを見て、進次郎氏は「僕は若い人たちにも政治に関心を持ってもらいたいと思っているんですよ」と優しく微笑みました。

もう一人の女子大生にも同じように出身を聞いた後、その地方にまつわる名産品の話をして「いつか故郷の役に立ってくださいね」と相手の瞳を捉えて話されていました。

おそらく進次郎氏は、**47都道府県の全てについて自分のメッセージを仕込んでおられる**のでしょう。その人の故郷というキーワードでがっちりと心をつかむのです。

◯小泉進次郎氏が実践する「会話の秘訣」

私が驚いたのは、**相手の年齢や立場によって伝え方を変えている**ことです。普段、自民党の政務調査会、農林部会長として話しているときと伝え方が明らかに違いました。

この日、声のトーンは記者会見などで聞き覚えのある声よりワントーン高く柔らかく、話すスピードはいつもより少し早い、若者の日常会話程度。

目の前の女子大生に威圧感を与えないよう、声のトーンで重さを引き算し、スピードをやや上げることで親しみやすさを加えていました。

進次郎氏は、どんな人にもどんな場面でも相手に寄り添う会話ができる準備が整っているのです。

進次郎氏の秘書さんが、以前こう言っていたことを思い出しました。


「うちの議員（進次郎氏）は、何かの会合で挨拶をするときなど、下調べをしてしっかり準備するのですが、凄いと思うのは、その場に同行した秘書に必ず『どうだった？』と率直な意見を求めることです。

私は議員の挨拶がどう見えたかを自分の言葉でしっかりとお伝えしています。厳しい意見になるときもありますが、議員は必ず『ありがとう』と言ってくれます。うちの議員はお父様の純一郎先生に似て話し方がうまいとよく言われますが、それは、**緻密な準備だけでなく、真摯《しんし》な振り返りも絶対に怠らない**からだと思います。遺伝で話し方はうまくなりませんから」


単なる二世三世で勝ち抜けるほど、選挙は甘くありません。相手の求めている自分像を体現できているかどうかで決定的に評価されるのが選挙です。

話し方、話題の作り方、自分を見せる服装の工夫、目線を捕まえて話題で魅了するダブルキャッチ。常日頃のたゆまぬ努力こそが、一流をつくるのです。

一流の人は「知らない」を知っている

「僕は選挙で勝っていますが、他の選挙の動向を全然知らないんですよ。ぜひ教えてください」

第一声がこれでした。

そんなわけないでしょう、と思いながらも悪い気はしないのが人情。

幅広い層から人気のA議員です。

最近の選挙の動向を知りたいと、私が取り組んできた選挙についてお話をする機会をいただいたときのことです。私は、人を勝たせるのが仕事ですので、**「統一されたブランディングの重要性」**について、実際の立候補者の例を交えてお話させていただきました。

政策が立派でも、話し方がうまくても、政党の公認があっても、ブランディングができていなければ簡単に負けてしまうのです。

私が話している間、A議員は真っすぐな視線を私から離さず、間合いごとに「あー、なるほど！」「うん」「うん」と一つひとつしっかりとうなずきます。

話す声は、お腹の底から響く説得力の「ファ」の音、しっかりうなずくときは「ミ」の音。これこそ、政治家の話し方です。

A議員は、いわゆる二世議員。話し方、身のこなし、アイコンタクトなど、門前の小僧はそのくらいできて当然だと言われることが多いと思いますが、冒頭の言葉どおり**「知らない」ことを知っている方**だということはこの瞬間に理解できました。

三流の人は、知らないことを知った振りをし

二流の人は、とりあえず知らんぷりし

一流の人は、知識が無かったことをその場で嘆き、身につける

知識が明らかに不足しているのに、それを知られまいと相手を威嚇《いかく》してその場を凌《しの》ぐ。そういった態度は格好悪いものです。

「この年になって」とか「今さら」という思いが頭をかすめることもありますが、A議員の学ぶ姿勢には脱帽です。

一流の人は、「知らないこと」を「学ぶ機会」と捉えます。知る楽しさを知っています。

今日の一日を「一流の人」で過ごすことが、自分をそこに近づけるたった一つの方法です。

一流の人は「握手」にも全力を注ぐ

48歳で党首になった女性。

蓮舫議員。

２０１６年夏の参議院議員選挙。大分県はスペックの酷似している２人の戦いとなり、文字通りの「注目選挙区」でした。

58歳、男性、弁護士VS医師。

こんなときは、どうやって有権者に**「違い」を見せるか**が一番悩ましい点になります。

このとき、私は二カ所で演説を聴きましたが、弁護士出身の自民党の新人候補者は、「弁護士の立場を投げうって、この半年間、辻立ちをして皆様に政策を訴えてきました」という主張を繰り返していました。

対する元医師で現職民進党の候補者は、これまでの政治家としての実績と自身の政策を訴えることに集中しているようでした。


選挙も終盤、票が拮抗《きっこう》していた激戦区の両陣営は集票マシーンと言われる人気者の応援を呼びます。自民党は総理大臣夫人の安倍昭恵氏。民進党は蓮舫氏でした。

応援演説がいずれも女性の大物だったことは偶然ではないでしょう。両陣営が数字を読む中で「女性票が勝敗を決する」という判断をし、仕込んだものと思いました。

○蓮舫氏に学ぶ「握手の鉄則」

私は民進党の応援にやってくる蓮舫氏を見るため、その場所に向かいました。

道路を隔《へだ》てた路上に「ふんどし」と呼ばれる弁士の名前が入った垂れ幕が敷かれ、街宣車が準備万端で応援演説を待っていました。

聴衆が２００人ほど集まった頃、蓮舫氏が登場。真っ白なジャケットに手を大きく振り、完璧な笑顔で大きく歩みを進めます。

その瞬間「きっと、次の党首選に出るのだろうな」と思いました。

それは、**パフォーマンスのツールである、笑顔、手振り、歩き方、スピードのどれもが「リーダーシップ」を表現するものに変わっていたから**です。

晴れやかな笑顔、手振りは必ず胸から上、声はそれまで聞いていたよりも一段低く、一歩の間隔は女性のそれではありません。


そして、目が釘付けになったのは、演説が終わり道路の反対側で拍手を送っていた聴衆に蓮舫氏が笑顔で向かって行ったときでした。

それまでの硬く、力強い男性的な表情とは打って変わって、屈託の無いチャーミングな笑みで、聴衆に向かって両手を差し出し歩み寄っていくのです。

握手を求める人々にあっという間にもみくちゃにされながらも、「握手の鉄則」は一度も外しませんでした。

日本のビジネスシーンでは、握手をする習慣がありませんが、**握手は勝負のツール**

として直接的で大きな効果を生みます。

一般的には、お互いの右手を差し出しあい、手を握って上下に振るのが「握手」だと思われています。でも、「何のために握手をする」のでしたでしょう。それは、相手を魅了するため、安心して自分を受け入れてもらい、ファンになってもらうためでした。「手を握って上下に振る」だけで、好意を持ってもらえるとは考えられません。

ここで、一流の人が出会った人を一瞬でファンにする**「握手の鉄則」**を紹介いたしましょう。

①相手の目を笑顔で捉える。
②同時に両手を前に差し出しつつ歩幅を少し大きく歩み進める。
③右手で相手の右手を握ったら、左手を相手の二の腕に添える。
④二の腕に左手が添えられると同時に「よろしくお願いします」など、伝えたいメッセージを言葉にする。
⑤その後のお辞儀はシチュエーションによって深さを変える。1対1の場合は、「最敬礼」。人が大勢の場合は、「小首をかしげるか軽くうなずく」。

⑥そして最後に必ず、もう一度、相手の目を捉える。
⑦それから次の人に目線を移し、握手をする。

この中でも**特に重要なのが「最後に必ずもう一度、相手の目を捉える」という点**です。ここを外したら「握手はしたけど冷たい人だった」という印象を相手に残してしまいます。これでは握手をしなかった方がマシ。これが握手の恐いところなのです。

さて、蓮舫氏に話を戻しましょう。
私は彼女が握手をする様子を終始見ていたのですが、蓮舫氏は誰一人も漏らすこと無く、「最後にもう一度目を合わせ」ていました。その完璧な握手リレーはどんなに辛い点数をつけても１００点。お見事でした。

その場にいた有権者がファンになったのは間違いありません。
接戦と言われたその選挙区を民進党が制したのは、あの握手でつないだ票も大きく影響しただろうと思うのは、現場を見た私の確信です。

目を見て話すのが恐かったら口元を見る

「真剣さを伝えるには、相手の目を見て話しましょう」

コミュニケーションやマナーの本でよく見かけることですが、これがなかなか難しい。照れくさかったり、怖かったり。相手の目をしっかりと見るのが苦手な方は多いかと思います。

それは政治家であっても同じです。しかし、真剣さを伝えなければならない場面が多い政治家は、苦手だからといって目をそらしたまま話すことは許されません。

そんな局面の最たるものが**「党首討論」**です。

TVでご覧になったことがある方も多いと思いますが、党首討論をする会場は国会議事堂の中にある衆議院の「第一委員会室」という場所です。

約１ｍの距離で党首討論を行う野田首相（当時・右）と自民党の安倍総裁（当時）
写真提供：共同通信イメージズ

毎年、通常国会が開けてからすぐに始まる、次年度の予算審議をする委員会室です。1月から3月末までの間に委員会の審議場面がニュースで流れますが、たいていの場合、会場はこの部屋になります。

その第一委員会室では席位置が決まっています。一段高くなっている議長席に向かってすぐ左から、時の総理大臣、財務大臣、そしてずらっとその他の大臣が並びます。そのすぐ後ろの席には、大臣の所管省庁のお役人が耳打ちをすることができるように控えています。

党首討論は、野党の代表者が、時の政権

の大将に大上段から文句を言い、御大将はそれをかわしたりバッサリぶった切ったりする、まさに真剣勝負の場です。

政権交代後、当時内閣総理大臣で民主党の党首だった野田佳彦総理の党首討論が話題になりました。そのとき野党だった安倍晋三自民党党首の度重なる解散要求に、定数削減の約束をするなら「解散してもいい」と言った場面です。「ああ、あのときの」と思い出して頂けますでしょうか。

私が恐いと思うのは、相手との距離感です。場所は国会議事堂内の第一委員会室。中央の議長席の前に、数本のマイクがセットされた小さなテーブルが、1メートル程の距離で向かい合い、相対しています。

現代の政治では「言論」が武器ですから、両大将が振り抜いた刀を構え、1メートルの距離でにらみ合っているのと同じです。

1メートル先に、斬りかかってこようとしている人が仁王立ちしているのですから恐くないはずがありません。

政治家はここで「民主的な決闘」をしているのです。国会は現代の戦場です。だからこそ常に戦術と戦略をもって挑み続けなければならないのです。

◯「相手の目」を見ずに真剣さを伝える方法

私は政治家志望者の皆さんに、このようなシビアな局面でも緊張せずに議論ができる「とっておきのコツ」を教えています。

この手法が使えるのは議論の場面だけではありません。

上司に長々と叱られているとき、取引先に真剣さを伝えたいとき、恋人としたくもないケンカをしているとき、こちらの恐怖心や戸惑いを一瞬で消し去る方法です。

それは**「目を見るのが恐くなったら、目線を8センチ落として相手の口元を見る」**というものです。

こちらは口元を見ているのですが、相手は「自分の目を見ている」と感じます。相手の目から視線を外すだけで恐怖心が小さくなり、冷静さを取り戻すことができます。そうなったらこっちのもの。落ち着いて状況を確認し、どうしたらこの苦境から脱することができるか考えましょう。

緊迫した場面であれば、こちらの冷静さを見せることで逆に相手を落ち着かせる効果もあります。

状況が落ち着いたら、考えていた戦略通りのセリフを並べてください。相手から見えるのは**「自分の目を見て冷静に戦《いくさ》を進めるあなた」**です。

相手の口元を見て、心穏やかに静かに戦略を練り直す。そして、タイミングを計って言葉の武器で一刀両断。

ここに静かな微笑みを添えることができれば、パーフェクト。あなたの勝ちです。

目は口程にモノを言う。**目をそらすのも勝つための重要な戦術のひとつです。**

一流の人は準備する

議員の出版記念会を地元の書店で行うことが急遽決まったことがありました。出版社さんのご意向で実現した有り難い企画です。

その議員は、次こそは選挙区で勝利を得たいと切望していました。しかし、知名度が低かったため、イベントには集客力のあるゲストが必要でした。

そのゲストとして白羽の矢が立ったのが、テレビで見ない日は無い有名お笑い芸人Ｙさんでした。

Ｙさんの役割はイベントの司会進行でしたが、知名度の低い議員にとって、集客力に優れる方のご来場ほど有り難いことはありません。

イベントの当日、私は議員とともに開始2時間前に会場入りしました。

会場の横を通り過ぎたとき、パーテーションで仕切られた裏にあの人気お笑い芸人Yさんがおられました。予定より1時間半以上早い時間でした。

彼は、下を向いてペンを右手にぶつぶつと小声で資料を読んでいました。**TVで見たことのある姿とはまったく違う厳しさで資料と向き合っていた**のです。

見込み客が30人ほどの小規模なイベントです。売れっ子芸人さんには小さな仕事のはずでした。その、あまりにも真剣に取り組む姿に意外な気持ちになりました。

その日のイベントは、予想を上回る集客ができました。Yさんの巧みな司会進行とトークで大いに盛り上がり、書籍も予想以上に売れ、議員へのサインを求める行列ができました。

プロのお笑い芸人によるプロの仕事がなせる業《わざ》。イベントの目的は無事達成することができました。

◯「オファー」が途切れない一流タレントの秘密

秘書を退職して数年経った頃、偶然にも、某テレビ局でYさんとお仕事をご一緒する機会がありました。

緊張で、予定時刻よりかなり早く到着した私が収録スタジオに通されたとき、Yさんは、すでにスタジオ入りし、数年前と同じように資料を読み込んでおられたのです。

その横顔は、かつて書店の片隅の狭いスペースで一生懸命資料を読み込んでおられたときと寸分違わぬ、真摯なものでした。

そのとき、私は**「だから、彼はこの厳しい芸能界で勝ち抜いてこられているのだ」**と思いました。

30人集めたら成功の小さなイベントでも、大きなキー局で視聴率の高い番組の進行を担うときでも、仕事の大小、集客の多寡《たか》で仕事の取り組みに高低をつけることをしない。

自分に与えられた仕事は、全て全力でやり抜く。

Yさんの仕事に向かう姿には二度驚かせて頂きました。

局の偉い方がこうおっしゃいました。

「いや、鈴鹿さん。彼はいつもこうなんですよ。資料を徹底的に読み込んで、不安要素を完全に排除する。だから私たちは安心して彼にオファーできるんです」

この人に頼んだら安心だ、と思ってもらえる環境は自分で作ることができます。仕事が与えられるかどうかには、はっきりとした理由があることを知りました。

一流の人は「人たらし」

どんな分野でも、**一流や大物と呼ばれる人は「人たらし」**です。

とりわけ権謀術数《けんぼうじゅっすう》渦巻く政治の世界では、多くの人を味方にするだけの人間的魅力がなければ生き残れません。

ここでは、私が第82〜83代総理大臣・橋本龍太郎氏に見た「人たらしの極意」をご紹介します。

「議員連盟（議連）」をご存じでしょうか。同じ問題意識を持つ複数名の国会議員が、問題の解決を目指して勉強会などを開く集まりです。

活動的な議員はこの議連の活動が多いので、秘書にとってはなかなか大変です。普段の仕事だけでも十分忙しいのに、議連の活動も加わって、秘書の忙しさは筆舌に尽くし難いものとなります。

○元総理大臣が実践していた会話テクニック

さて、あるとき私が秘書を務めていた議員が、議連の事務局長を3つ掛け持ちしていたことがありました。当然、運営の諸々は秘書の仕事。党派の垣根を越えての活動（超党派）だったので、会長には与党の重鎮にお座り頂いていました。

議連の会議の朝、私は他事務所の秘書さん達と会議室の設営をしていました。会議テーブルに灰皿を並べるなんて、今では考えられませんが、当時、会長の席に灰皿とタバコを整えるのは私の大切な仕事でした。

準備もほぼ整い、会長の「チェリー」というタバコとライターを揃え、椅子を整えたとき、背後から「君、名前は何というんだったかな？」と声をかけられました。

振り返ると橋本龍太郎会長でした。

驚いて「す、鈴鹿と申します」と申し上げましたら、

「それは知っているよ、下の名前だよ？　下の名前」

「く、久美子と申します」

「あー、そうだったね、久美子さん。久美子という名前の女性はよく働くしっかりものなんだ。僕の奥さんもね、久美子というんですよ」

そう優しい笑顔で仰りました。

ダンディーで優雅で、オーラがあるというのはこのことかと思ったのをよく覚えています。

そんな素敵な方に「久美子さん」などと呼ばれた私は、「ありがとうございます」と言ってお辞儀をするのが精一杯でした。

それからというもの、橋本氏は私を見るたびに「久美子さん、今朝もご苦労さん」「久美子さん、いつもありがとう」と仰ってくださいました。

ファンにならない訳がありません。

◯橋本龍太郎氏に学んだ2つの大切なこと

橋本氏からは二つの大切なことを教えていただきました。

ひとつは、うっかり**相手の名前を忘れたときの秘策**。「名刺交換はしたけど、誰だっけ？」など、さまざまなシーンで使える方法なので、ぜひ実践してみてください。

私　「名前は何というんでしたか？」
相手「木村ですよ、木村！」
私　「木村さんは知っていますよ！　下の名前ですよ」
相手「拓哉です！」

私　「あー、拓哉さんね。どおりでイケメンだと思いましたよ、拓哉さん」

この方法は、私が政治家の先生方にコンサルティングで必ずご伝授申し上げるものです。

政治家にとって相手の名前を覚えるのはとても大切なのですが、会う人数が多すぎて覚えきれないこともあります。そんなときの対処法としてチャーミングでスマートな聞き方です。

そして自分の記憶に残すのにも、この聞き方は大きな効果を発揮します。下の名前を聞いた後に、その名前の感想をとっさにくっつけるので、印象に残りやすくなるのです。

さて、このエピソードには後日談があります。

私は、橋本氏はどなたにも「下の名前は？」と仰り、相手が女性であれば「僕の奥さんもね……」と続けられるのだと長い間思っていました。あまりに優雅に仰るので、「さすがに総理にまでなられた方は、名前の聞き方にも自分流があるのだ」と思っていたのです。

それから時が経ち、橋本氏が亡くなられたときのことです。御礼を申し上げたく参った告別式の会場で、橋本氏の奥様の名前が、本当に「久美子」さんだということを知りました。

橋本氏から、「久美子さん、ありがとう。よく来てくれましたね」と仰って頂いた気がしました。

橋本氏はダンディーで優雅な方でした。

橋本氏が添えてくださる「ありがとう」という言葉は、小さな花束のように私に元気をくださいました。

一流といわれる政治家は、**相手が誰であっても態度を変えません**。誰が相手でも、人として敬意を表し、礼をつくします。たとえ黒子である秘書が相手でも、気配りはいつも一流でした。

一流の気づかい

その日は、お盆で地元に戻っていた議員から、外交関連の少し重たい仕事を任され、議員会館で急ぎの資料作成をしていました。

右上にデーンと「㊙」の判子が押してある書類は、言葉の意味を追いかけるだけでも一苦労。そのぶ厚い資料から問題点を抽出し、解決策を提示する資料を作るのが、その夜の私に命じられた仕事でした。

その難しい仕事は、秘書経験の浅い私になどできることではなかったのですが、そこをやらされてしまうのが議員秘書職のスゴいところ。

旧議員会館は、18時に全館の空調が切られていました。その日もキーボードを叩く手元に汗が滴《したた》り落ちるほど暑い夜でした。昭和38年に建てられた旧議院会館は、夜に独りで仕事をしている私にとっては肝試し会場のようでした。

想像力が異様に豊かで恐がりの私は、真っ暗な廊下に背を向けて机に座ることもできず、秘書室の窓もドアも閉めきり、鍵をかけて汗だくで仕事をしていました。

資料の整理を何とか終えて、あと一息。最後のまとめの資料作成にたどり着いたとき、遠くから「コツ、コツ」と廊下を歩く足音が聞こえてきました。

え？　まさか……。

お盆休み中の閑散とした議員会館。

日中だってほとんど人がいないのに……。

想像力全開の私は、靴音を聞く耳に全神経を集中し、鍵のかかったドアノブを見つめて凍りついていました。

重々しい足音はゆっくりと近づいてきます。

うわ〜〜〜！　神様仏様！

私には幼い子どもがいます！　まだ死ねません！

その足音は、扉の前でピタリと止まりました。

次の瞬間、鍵がかかっているドアノブが鈍く「ガシャッ」と音を立て、かすかに動きました。もうダメだと思った次の瞬間、その足音は来た道を戻るように遠のいていきました。

か、帰った……。

遠のいていく足音に腰が抜けました。

その足音がすっかり聞こえなくなるのに１分もかからなかったでしょうか。気を取り直した私は意を決し、廊下を確認すべくそっと鍵を外して、廊下を見てみようと思いました。

鍵を外してドアノブを回すと、バサッと音を立てて廊下に白っぽいものが落ちました。

そこには、丸い桶状の入れ物に緑色の紐がかかった「鱒《ます》の寿司」が、白いビニール袋に入って落ちていたのです。

鱒の寿司といえば、あの先生。

今、私が格闘している資料の大元締めの、強面《こわもて》で近寄ることもできない、あの大先生です。

そういえば、今日、議員食堂ですれ違ったとき「ごくろうさん」とお声がけいただきました。「先生、お盆なのにお地元に入らないんだ。選挙は盤石《ばんじゃく》だものね。さすが大物」と感嘆したのを思い出しました。

包みを開けると芝桜を咲かせたような一面のサーモンピンクにほんのりと酢の香り。先生に「ごくろうさん」と優しく肩を叩かれたようで、張りつめていた気持ちがゆるんだのでしょう。涙がポロンと落ちました。

○「やりたい」と思わせるのが一流の指導者

その日から私がその大先生のファンになったのは言うまでもありません。外交問題の難しい課題が、ウキウキする大好きな仕事に一変。自分の単純さに笑ってしまいますが、トップギアが入った感じです。仕事のスピードと正確さが明らかに変わりました。

私はここからとても大きなことを学びました。

どんなに難しい仕事であっても、**「誰かが見ていてくれる」「しっかりと評価してもらっている」と思えるだけで、人は頑張れる**ということです。

任せた仕事は俯瞰の位置から見守り続ける。必死で取り組んでいることを「ごくろうさま。見ているよ」と、何かのメッセージで伝える。鱒の寿司でなくても**「心の言**

葉」は届きます。

仕事をするのは、「人」。**「やりたい」と思わせることが、上に立つ者の仕事**であり、それこそが指導力だと肝に銘じたできごとでした。

私は、あのときの「鱒の寿司」のおかげで、秘書指導の仕事に取り組めていると思っています。

秘書の「秘」は秘密の「秘」。大先生のお名前は明かせませんが、教えて頂いた心構えは今も私の戒《いまし》めになっています。

一流の人は、潔い

「いやー！　いたのか！　わっはっはー！　いたのかー！　そうか！」

満開の笑顔が、鉄製の重いドアを豪快に開けて飛び込んできました。

頬はピンク色で満面の笑顔には幸運が宿っていそう。その人は落選中の元総務大臣、樽床伸二《たるとこしんじ》氏です。

「先生！　どうしたんですか？　ビックリしましたー。まあ、どうぞどうぞ」と、書きかけの原稿が散らばる私の部屋へお招きしました。

樽床氏は、壁やら書棚やら、辺りをぐるっと見回し、「儲かってる？　いやー！　儲かってるんやろ！　家賃高いやろう！　なー！　良いとこやし！」と、いたずらっぽい目で尋ねてきます。豪快っぷりは止まりません。
そう言えば、先日樽床氏の秘書から電話があったことを思い出しました。「また、東京でパーティーしますねん。姐さん、ウチの大先生、よろしく頼みますわ」と言っていましたっけ。

樽床氏は、31歳で衆議院に初挑戦し、惨敗の経験を経て52歳で総務大臣となる6勝3敗の強者。
現在は無所属のため、次期当選を目指しての活動中です。政党からの資金援助もないなかで、政治資金を集める活動のための上京とのことでした。

無所属で活動すると聞いたとき、「ああ、例の党に移籍するんだな」というのが大方の予想でした。政党政治が基軸とされるこの世界で、無所属で活動するというのはなかなか大変なことです。政党からの資金援助も、組織の援助も無いのですから。お金も人も、自分ひとりで生み出すということなのです。

私は気になっていたことを率直にお聞きしました。

「先生、どうして無所属になられたのですか？　お金も大変でしょう」

「鈴鹿さん、それはな、わしの勝負や。もう25年もやってんねん。今度無所属でやって、あかんかったら、わしがおもろないってことや。そうなったら、もうやめなあかんかもしれんな、と思ってる。けど、そのほうがおもろいやろ！　な？　勝負やて！」

「どの政党でもない、樽床伸二、個人の評価ってことですか？」

「そうや！　鈴鹿さん、そうでないと、おもろないやろ！　どうせやるんなら、な」

樽床氏は、終始、血色の良い満面の笑みで「おもろいか、おもろくないか」を語りました。３人目の娘さんがまだ高校生だという彼の話には、**真っ向勝負の覚悟しかなく、「潔《いさぎよ》さ」を絵に描いたよう**でした。

今はどうやって生計を立て、秘書を養っているのか聞いたときの、彼の言葉が素敵でした。

「鈴鹿さん、世の中、あったかいねん。あったかい人、たくさんおんねん！」

落選中でバッジのない、しかも政党にも所属していない素浪人《すろうにん》を支援する人がたくさんいる。そこに、額づくほどの感謝をしながら、多くの期待を背負って挑む崖っぷちの闘い。次負けたら、応援してくれる有権者の思いも、共に戦ってくれた秘書も、夢も、全てが雲散霧消する瀬戸際でのこのセリフは、腹をくくった爽快なメッセージでした。


一度でも大臣になるというのは、そう簡単なことではありません。そこまで辿りついたことのある人だからこその覚悟と潔さを見た思いでした。


一流の人は、潔い。

濁りの無い、真っさらなその心構えは、顔色にもくっきりと現れます。

チャンスは、今持っているもの全てを失っても構わない、と腹をくくった人にだけ

与えられます。

たとえ政治家でなくとも、人生では「腹をくくらなければならない瞬間」は誰にでも訪れます。そんなとき、一流の人は、応援してくれる人の思いを背負って、歯を食いしばって立ち向かうのです。

15分程の滞在で慌ただしく席を立った氏の背中に「また、お気軽に寄ってくださいね」と声をかけました。

「ここの前を歩いて、黙って通り過ぎれんしな！　じゃっ」と片手を上げ、コートを羽織って颯爽と去っていきました。

一流の素浪人は、その背中に一流の潔さを纏っていました。

一流の人は「思いやり」を忘れない

「ウチの先生、あのアヒルちゃんに話しかけるのよ」

久しぶりにその事務所を訪れたとき、その秘書ちゃんはマホガニー調の議員机を見やってクスッと笑いながらそう言いました。彼女は前の事務所を秘書同士のトラブルで退職し、その後、この事務所に籍を置いていました。

視線の先に目を移すと、そこにはお風呂に浮かべて遊ぶ全身黄色のあの小さなアヒルちゃんが鎮座ましましておられました。

「え？　あの先生が、話しかけるの？　そのアヒルちゃんに？」

私の頭の中で、そのアヒルちゃんと強面のあの先生がどうしても結びつきません。

超有名な、泣く子も黙る大物国会議員です。ぶら下がりの番記者団を従えて国会議事堂の廊下を練り歩く。ドスの利いた声で滅多なことでは話もしない。用があるときも少ない言葉で指図する。何か重要な伝言をお伝えしても「んっ」「おうっ」で終わる強面の代表格です。

秘書ちゃんが続けます。


「そうなの、おかしいでしょう？　ウチの先生、もともと小鳥が好きなのよね。自宅では小鳥を飼っていたんですって。でもずいぶん前に死んでしまったって地元の古い秘書から聞いたことがあって」

「へぇ、あの先生が、小鳥……」

「そうなの。でね、ほら、ウチの先生、ちょっと前に叩かれたでしょう、週刊誌で」

そうそう、結局根拠のないスキャンダルに終わった、あの話。

「覚えてるわ、週刊○○で書かれたあれね」

「そのとき、今まで見たことが無いくらい落ち込んじゃって」

「そうだったわよね、酷い書かれ方だったし、奥さんまでいろいろ言われて」

「慰めようにも、私は何も言えないし、でもあまりにも気の毒でね、何かないかと思っていたら、小鳥が好きだってこと思い出したの」

「まあ、それで？」

「議員会館に生きた小鳥を連れてくる訳にはいかないし、と思っていたらウチにそのアヒルちゃんがあったことを思い出して、次の日先生の机に恐る恐る置いてみたのよ。そうしたらね、私が代理出席の会議から戻って来たら議員室から話し声が聞こえるのよ。『え、お客様？』と思ってドアに耳を当てて聞いてみたらね」

「う、うん」

「『お父さん、帰ってきましたよー。今日はまた出かけるから、ちゃんとお留守番しているんでちゅよー』って」

「でね、私、聞かなかったことにして、ウチの先生の好きな玄米茶を淹れて、議員室に持っていったの。もちろん、ノックしてからね」


そう言って笑った秘書ちゃんは、一瞬目が潤んでいました。彼女は他の事務所で問題を起こし移動してきた経緯がありました。でもそこにいたのは「かつてトラブルを起こした秘書ちゃん」ではなく、「一流の議員秘書」でした。

議員の行動をつぶさに観察し、その人らしく行動できるように最大限サポートする。

それが議員秘書の仕事です。

強面の大物議員といえども、完全無欠ではありません。人間である以上、落ち込むことも当然あります。そんなときに議員の気持ちをやわらげたのが、彼女の「アヒルちゃん作戦」だったのです。

「思いやり」とはこういうことを言うのだと、このとき思いました。

○思いやりが、「感動」を生む

相手の行動パターンや好みを知りながら、気づかれないようにそっと手を差し出す。

業績や成果や、ましてや評価を求めるのではなく、ただ、相手にとって今何が必要か、どうすれば心穏やかに過ごしてもらえるのか、そのことだけを念頭にただひたすら思い悩み、心を尽くす。

「思いやり」は打算や濁りがなければないほど、相手の心に真っすぐ届きます。

このアヒルちゃん作戦は、議員に「あなたのことを心配しています。元気を出してください」という言葉には出さない思いが伝わったのでしょう。

彼女はその議員事務所がいちばん大変なときに秘書として採用され、成長した人でした。その彼女は、今でも永田町の事務所と地元事務所を忙しく行き来しながら、なくてはならない公設秘書として活躍しています。

相手がどんな人であっても、どんなに悔しい思いをしたとしても、自分の中に湧き出る「相手に認められたい」「相手を言い負かしたい」「ギャフンと言わせたい」というマイナスな欲望から自分を解き放ちましょう。

それができたとき、あなたは自分に「勝った」と思えるでしょう。

失敗を「最大のチャンス」にする

「すぐ調べて！」

地元に入っていた議員からの電話に、慌てて衆議院調査室に資料要求の手配をしました。衆議院調査室というのは、衆議院議員の立法活動を補佐するために事実や法案の調査をする部局です。参議院にも同様の部署があり、当時は旧議員会館の地下にありました。

秘書が、委員会質問や地元からの要望などで最も頻繁《ひんぱん》に利用する部署です。

さて、何やら慌てている様子はわかるのですが、言っている内容が初めて聞く言葉ばかりでよく理解できませんでした。

「とにかく、すぐ調べて！」

あまりの迫力に圧倒され、すぐに調査室に依頼の電話を入れましたが、いつもの担当の方が、どういうわけかすぐに回答を上げてきません。

待っている時間もないように思い、国会図書館に電話を入れました。調査室とならんで、よく調べものに利用する施設で、海外も含めて関連の論文や資料が入手できますし、専門の司書が待機しているので、常に高度なレベルの回答をいただけます。私は国会図書館にも同じ内容で資料をお願いしました。

1時間待って出てきた資料は、調査室も国会図書館も新聞記事のコピーだけでした。それは、今で言う「ＢＳＥ」、当時は「狂牛病」と言われていた牛の感染による病気についてで、当時は認知度も低く、当然、議員も初めて耳にする言葉でした。

新聞のコピー3枚程度で内容や原因が分かるはずもないとはわかっていましたが、これ以上、他に調べる方法も思いつかず、仕方なくそのコピーを地元事務所にＦＡＸで送りました。

事態は急を要していました。大至急、原因や感染経路などを調査し、被害を最小限に抑えなければなりません。しかし、そのための方策を練る資料が「新聞記事３枚」しかないのです。

まだインターネットも普及し始めたばかりの頃、自前の調査に資料が追いつくはずはありません。ほどなく、大御所の政策秘書が私を怒鳴りながら入ってきました。

「お前、何やっとんじゃ！　アホ！　資料って言って新聞記事のコピー送ってどうなるんじゃ！　ドアホ！」

私の議員は、新聞記事３枚のＦＡＸを見て「鈴鹿に頼んでも埒《らち》があかない」と思ったのでしょう。政策秘書として超一流の彼に助けを求めたのだと思います。

でも、実はコピーを揃えればいいのだと私に示したのは別のお局様秘書でした。「資料なんて作れる訳ないんだから、調査室からコピーがでたらそれを送ればいい」と。

私は大御所政策秘書おじさんの剣幕にすっかり怯んでしまいましたが、「お局様の指示でした」とは言えませんでした。そこで、「私が相談もせず自分の判断だけで送ってしまいました。申し訳ありませんでした」とだけ言ったのです。

その数時間後、国会図書館からBSEに関する海外の資料が届き、大御所政策秘書おじさんは議員団を率いて現場視察に出かける準備を進め始めました。

農水省や厚生省（当時）への資料要求や、委員会質問、食の安全を求めた内閣府の特命チームの設置等が検討されましたことは、報道でご存じの方も多いと思います。

○どんなときでも、「矢印」は自分に向ける

一連の事件の騒動が一段落した数ヶ月後、ある会合で大御所政策秘書おじさんが、私を見つけ、遠くからゆっくり歩み寄ってこう言いました。

「あんた、あのとき、よく『自分の判断でやりました』と言えたな。俺はな、あのときのあんたの言葉で、こいつは信用できると思ったんだよ。あのお局さんの指示だ

ろう。そのくらいわかるよ」と言って笑ったのです。

少し前のことでしたし、私は彼より恐いお局様がいたから思わずそう言っただけだったのですが、このとき思い出したのは**「矢印は自分に向けろ」**という言葉でした。

どんなに苦しい失敗をしたときも、それを誰かや何かのせいにしたら、せっかく失敗した経験の意味を無くしてしまうという話でした。

人のせいにせず、矢印は自分に向ける。そうすることで、嫌な出来事は、経験となって自分の力になる。信頼を高める要素とすることができる、という話でした。

雨が降ったとしても「雨が降ったのは自分の責任です！」と言い切って初めて人は他人に信頼されるようになるのです。

このときの偶然の学びが、秘書としての信頼を得るきっかけになりました。

失敗こそが、信頼のスタートでした。

一流の人には「覚悟」がある

「国会議員はゴミ箱にもお辞儀をするもんだ！」

当選ホヤホヤの最年少議員に先輩議員が言い諭している場面に遭遇したことがありました。

国会の本会議が始まる前、衆議院では「代議士会」といって所属政党の議員が全員出席する会議があります。

マスコミや秘書でごった返す中で本会議場のすぐ近くにある部屋に200人近くが一斉に集まるので、いつものこととはいえ周辺は騒然となります。

その会議室に続く廊下の真ん中を、当選したての一年生議員が文字通りふんぞり返って歩いていたのを見とがめて、先輩議員が「新人が廊下の真ん中を歩くもんじゃない」とたしなめた後のセリフでした。

バッジがついてうっかり勘違いしてしまったのでしょう。立派そうに振る舞う方もおられますが、そうかと思うと全く逆の方もおられます。

○覚悟をもって生きる人は、美しい

かつて、それを痛感する出来事がありました。

区議会議員選挙の街頭演説に、鈴木たかこ衆議院議員を応援弁士としてお願いしたときのことです。

渋滞で、選挙カーが大幅に遅れてしまい、鈴木氏を道端でひとりお待たせしてしまう事態になっていました。区議会議員候補は新人だったこともあり、国会議員を待たせてしまったことで頭がいっぱい。とても焦っていました。

20分遅れで候補者を乗せた選挙カーが交差点に着いたとき、交差点で待っていた鈴木氏はその候補者に駆け寄り、自分から両手を出して握手を求めながらすぐさまマイクをとり「○○候補者が到着しました！」と演説を始めたのです。

演説は、その候補者の人となりを表すエピソードでした。どこの学校を卒業し、人生でどんな苦労をし、どのような思いで政治家を志したかなど、無名の新人候補者が秘めている魅力と政治家としての可能性を余すところなく訴えていました。

街頭演説が終わり、時間に遅れたことを詫びたとき、彼女は「何を言っているんですか。選挙じゃないですか。有権者のために一緒に働きましょう！」と言いました。

鈴木たかこ氏は、言わずもがな、鈴木宗男氏の長女です。

いろいろな評判があることはよく知っています。でも、このときの鈴木氏の目を私は忘れることができません。

多感な時期に、父・鈴木宗男氏の事件に直面したことで、言葉では言い表せないほどの辛い思いをしたでしょう。彼女の覚悟は、幼少期からの家族との苦しい思いを経験することで、培われたものだと思いました。

政治家だけでなく、各界で一流と言われる方々は、この覚悟の目を持っておられます。自らが思い描く日本の姿がくっきりと映る覚悟の見える目。それ以外に気がそがれることのない真っすぐな目は、人の心に刺さるのだと思いました。

第5章

人生は「選挙」である

選ばれなければ始まらない

学校でも、職場でも、まず誰かに選ばれなければ何も始まりません。上司に仕事を任されたり、チームリーダーとして指名されたり、どれも自分に負荷のかかることですが、人はその新しいステージで力をつけて進むことができます。

そして、やっと現実を変えることができるのです。

選ばれなければ、力をつけるチャンスも、何かを変える場面に立ち会うことさえもできません。

人は、まず、選ばれることが大切なのです。

○人生という選挙の主役は「あなた」でしかない

政治家は、最初は誰もが素人です。縁のあった選挙区で立候補し、運と縁とタイミングの３拍子がそろえば当選してバッジをつけることができます。

当選すると、それまでの一般人から急に「ＶＩＰ」になります。国の費用で３人の秘書がつき、空港では航空会社の担当者が付き添い、地元に着くと地元秘書の車が待っています。出席する会合では来賓席で、壇上の挨拶では拍手喝采《かっさい》も待っています。「先生」と呼ばれ、少しずつ一般人だった感覚を忘れるようになっていきます。

そして、当選当初はあまり考えなかった「悩み」が出てきます。初めて立候補したときには自分の問題意識以外のことは、あまり考えもせずにいられたのに、「そもそもどうして政治家になろうとしたのか」「自分がしたいことはこれだったのか」と、悩むようになります。

一流の政治家はここからが違います。

誰かの期待に応えてきた自分を振り返り、原点に戻って自分を取り戻し、必要であれば、批判を恐れず方向転換を打ち出します。

失敗を認め、批判を受け入れ、「自分」のままで成長し、前に進んでいける道を選びます。

しかし、ダメな政治家は、後援会や先輩議員、派閥の意見に惑わされ、人のうわさ話に翻弄され、自分の考えを持たないまま、その責任を誰かのせいにして信頼を失います。

なぜ流されてしまうのか。それは、**誰かに期待された姿や褒めてほしいということにフォーカスしてしまったから**です。

ここで少し、私自身の話をさせてください。

○他人が望む姿を演じていた頃

そういう私も、人目を気にするダメな人でした。

私の義母は元夫である息子に、とても尊敬されていました。私も掃除洗濯全てがパーフェクトな良妻賢母になりたくて、義母からの電話でよく話を聞いていました。

二番目の子どもが離乳食を始めた頃のことでした。朝食の支度をしようと台所で包丁を持ったとき、右手が動かないことに気がつきました。肘から上に腕が上がらないのです。慌てて病院で診てもらいましたが、良くなることはありませんでした。

不自由な右腕のまま2ヶ月ほど過ぎたある日、玄関のチャイムが鳴り、ドアを開けるとそこに私の母が立っていました。

「やっぱり！　おかしいと思ったのよ、私！」

母は私の顔を見るなり、そう言って家の中にずかずか入ってきました。当惑する私を横目に、母はシャーッと音を立てて次々とカーテンを開け、窓を開け放ちました。

「どうして昼間からカーテンを閉めて電気つけてるの？　あんた、変だわよ」

「それに、なに⁉　その腕。どうしたの？」と言って、私のぶら下がったきりの右腕を持ち上げました。

母の言っていることの意味がよくわからず、私はぽかんとしていたと思います。翌朝、私は2人の子ども達と一緒に北海道の実家に連れ帰らされました。

◯自分のままで生きる

帰った翌日から様々な精密検査を受けることになりましたが、特に異常は見つかりません。残っているのは「心療内科」だけでした。

肩からぶら下がったままの右腕で、心療内科に通うことになりました。

そして2ヶ月後、いつものように医師と話をする診療を受けていたときのことです。

私は突然「お義母さんが恐い」と言っておいおいと泣き出したのです。

これに一番驚いたのは自分自身でした。

誰も望んでいないのに、期待されていると思い込んだ姿になろうとして、もがいていた自分に気がつきました。

その後、あっさりと腕は元に戻りました。

「期待される姿」を演じ続けることに、私の身体が「それは嫌だ」と信号を出していたのです。これに気がついてから、私はどうしたら自分らしく生きられるのかを考えるようになりました。

今思うと、この瞬間こそが「魅せ方」を考え始めたときでした。

デコボコのある自分を認め、その姿のまま、一歩を進める。

大切なのは、「『自分』が、どうなりたいのか」です。誰かに期待される自分を演じていられるほど人生は長くありません。今すぐ、一歩を進めましょう。

ほしいものは「ほしい！」と言う

私には3人の子どもがおりますが、その子どもたちが皆独立してしばらく経った頃のことです。

自宅で夕食をすませると、帰宅途中に買ってきた苺が台所に1パックぽつんと残っていました。ジャムでも作ろうと思ったのですが、それを喜ぶ子どもはもういません。洗ってそのまま食べることにして、お気に入りのガラス皿に盛りつけた苺を見たときのことです。

「私、果物が大好きだった……!?」

自分は果物が好きだった、ということを思い出した瞬間でした。

私は自分が果物好きだったことを30年間忘れていたのです。

思い出したことにも驚きましたが、好きなものを忘れていたことには本当にビックリしました。

◯「好き」を忘れない

誰もいない台所で、しばらく呆然としました。

どうして忘れていたのだろう。ぼんやりとしたまま、しばらく会っていない子ども達のことを思い出しました。

私が洗った苺を、お姉ちゃんが3つのお皿に一粒ずつ分けています。弟達はテーブルにしがみつき、目をまんまるにして覗き込んでいます。

「これはぺーちゃんのね、これはりょうちゃんの、これはちゃーちゃんの」

ちょうど3で割れる数だったらいいのですが、足りないとき、お姉ちゃんは自分の分を弟達のお皿に、ひとつだけ余ったときは一番下の弟のお皿に入れていました。

私はこの風景を見ているのが好きでした。

収入も少なかった当時、果物は贅沢でした。そんな中、子ども達が美味しそうに苺をほおばる顔を見るのはとても幸せな気持ちになったのです。

しばらく考え込んで気がつきました。

果物を好きだということを忘れていた理由です。

私は、その幸せな光景を見ることと引き換えに、自分の「好き」を忘れる、ということを選んでいたのです。

その日の夜、私は、苺を一粒ずつ手に取っていろいろなことを考えました。

私は何がしたかったのか、何が好きだったのか。

「好きなこと」があるから、それを楽しみに辛い仕事をやり抜いたり、嫌な出来事があっても、道を外れず踏ん張ることができるのです。

何かを好きだと思うことは、我がままでも自己中心的な考えでもありません。自分が好きなこと、ワクワクすることは、人生の難しい局面で、踏ん張る力を与えてくれる人生の相棒なのです。

「好きなこと・好きなもの」は、意識して保っていないと、毎日の雑多な出来事の中に埋没してしまいます。

好きなものを忘れていないか、

忘れたふりをしていないか、点検しましょう。

人生の相棒を取り戻して、ここ一番というときの踏ん張る力をつけておきましょう。

自分の「好き」という気持ちが、幸せをつくる畑です。人は持っているものしか他人に与えられません。自分が幸せでいることは他人を幸せにする基本なのです。

勝者は「弱いまま」で勝つ

「選挙で勝つこと」というと、どのような様子を思い浮かべるでしょうか。自信に満ちた猛々しい猛者が拳を突き上げて大演説を繰り広げ、万歳三唱といったところだと思います。

私は、選挙に出たいという方からご相談を受け、立候補が決まってからは当選までご一緒しますが、**最後の最後まで圧勝の選挙をしたことは一度もありません。**

選挙は勝つか負けるかだけ。こんなに結果がハッキリ出るのは試合や試験の合否くらいでしょうか。

勝てば官軍とはこのこと。それまでプー太郎だった人も、リベンジで立った人も、

「当選」で全く新しい人生が始まります。でも、当選のその瞬間までは、新聞社や週刊誌でされるまるで競馬のような当落予想や、根も葉もないうわさ話など、漠然とした不安が選挙事務所の空気を作り、気分も上がったり下がったりします。

新聞の心躍る調査結果がでていたとしても、当選の確信は「当確」の二文字を目にするまで湧いてきません。テレビ局の「当確」で万歳をしてから落選がわかったなどというのはよくあることで、こんなにガッカリし、惨めなこともありませんから、選対は自ずと慎重になります。

◯山口2区での大逆転劇

山口県は伊藤博文、佐藤栄作など8人の宰相を輩出する言わずと知れた自民党王国です。現在も4区に安倍晋三現総理大臣、1区は高村正彦、3区は河村建夫と、不動の大物が並んでいます。

その山口2区で2008年に衆議院議員の補選がありました。勝敗は自民党の鉄板地盤を引き継ぐ新人候補が当然勝つと思われていました。他に野党の候補者が立たなかったこともありますが、比例からの選挙区転出で立候補せざるを得なかった民主党の平岡秀夫氏が勝つとは当初誰も予測していませんでした。

評判が逆転したのは投票日2日前のことでした。新人候補圧倒的有利のイメージが集中する中、民主党の候補陣営は、最後のお願いに「電話作戦」に力を投入することにしました。選挙期間中、ご自宅に電話がかかってきた経験をお持ちの方もおられると思います。これは選挙期間中にだけ許された「電作」と呼ばれる電話作戦です。このときは、電作のプロフェッショナルチームが投入され、名簿に添って「平岡候補をどうぞよろしくお願いします」と電話をかけ続けました。

選挙では、名前を売り込むために街宣車で連呼したり、チラシを配布したり、のぼり旗を持って商店街を練り歩いたり、公職選挙法の解釈からぎりぎりの活動を繰り広げます。電作はそんな手法のひとつでしかありませんが、できることは何でもやるという背水の陣で敷かれた小さな戦略のひとつでした。

その小さな戦略が、当落の結果をひっくり返したのです。

その選挙陣営に入っていた秘書から後日直接聞いたことですが、当初は誰も勝てるとは思っていなかったそうです。皆、負けると心では思っていた。敵の盤石な地盤で、野党というだけで白い目で見られるような選挙区。昼食をとるにも自民党のポスターが貼られた店ばかりが目について、コンビニ弁当ばかり食べていた。それだけで萎えた、と。

でも、ここで諦めるわけにはいかない。何かないのか。何かできることはないのか、と選挙戦の最後の最後まで仲間同士で励まし合って気持ちを奮い立たせ、最終日まで来ただけだ、と。

巨大な敵に挑む話は数知れずあります。

インディージョーンズやハリーポッターなどもそうですね。

ここで共通しているのは、**最後に勝つ人は「強かったから勝った」のではない**ということです。皆、弱いままで挑み続けて、最後の最後に勝ったのです。

何かにチャレンジするとき、自分の力不足や結果の恐さで震えが止まらないこともあるでしょう。負けてしまったあの日、悔し涙ににじむ青空を思い出して、また負けるんじゃないかと頭が真っ白になることもあるでしょう。

でも、勝った人は、強くなってから戦って、強かったから勝ったのではないのです。どんな勝者も、初めはチャレンジャー。弱いままで挑み続け、最後に勝つのです。いつか強くなったら何かやろうと思っていても、そのいつかはやってきません。いつかは自分で作らなければならないのです。

お金が貯まったら、昇進したら、時間にゆとりができたらやろうと思うことは、いつまでたってもできません。

今のままの自分で挑み続けなければ、華々しい勝利が自分に向かって歩いてきてくれることはありません。

笑顔の練習でも、名刺交換のお辞儀でも、なんでも構いません。
魅せたい自分を見つけたら、固定された自分の姿に届くまで、
今日、今できることを、一つでもいいから進めてください。
それが勝つことへの一歩なのです。

口は「命の入口」「心の出口」

私の父は北海道の漁師の家で育ちました。人口100人ほどの小さな村で、フランス語（？）のような村訛り。ジャガイモとウニとアワビが同価値で、ウニはみそ汁の出汁、アワビは肉の代わりにカレーライスに登場する独自の価値観を育む村でした（小学生の頃は、お盆をその村で過ごしてたので、私はアワビはカレーライスに入れるのが当然だと思っていました）。

北海道ですので、美味しいものは豊富で安価。いつの間にか私も父と同じような口が育っていました。大人になってジャンキーな楽しみも知りましたので、雑食にはなりましたが、それでも度が過ぎると必ず身体にサインがでます。

口の周りに赤く小さなポツンが出ると「疲れました」という胃腸のメッセージです。

思い当たる節のある私は猛省し、「胃腸さんごめんなさい」と白湯で一日過ごします。絶食というと厳しく聞こえますが、一日何も食べずに胃腸を休めると、よく眠れますし身体が軽くなってとてもスッキリします。

口は命の入口。どんな命を頂いてどんな命で生きるのか。この口から入れる食べ物で37兆の細胞の一つ一つができているのです。身体を支える筋肉も、骨も、そして考える脳も、食べる物で日々更新して作られています。

何かを口に入れるときは、心してください。

私は、仕事以外でランチで外食することは滅多にありません。ランチの後は眠気が襲い、午後の仕事に集中するのに時間のロスが大きいからです。

そもそも、外食のランチは若い人の胃袋仕様。私の年の消化器官は、もうそんなに食べなくていいよ、と言っています。

ですから、ランチは、タンパク質と野菜の小さなお弁当を持参するか、500MLのヨーグルトを1パック食べることにしています。

ヨーグルトは、必須アミノ酸がバランス良く含まれており、胃腸の調子も整えてくれます。タンパク質と乳酸菌に加えて必須アミノ酸。昼食にヨーグルトを食べるようにしてから、仕事にタイムラグとストレスがなくなり、午前の調子のまま午後に続くようになりました。そして、ダイエット効果も抜群です。昼食をヨーグルトに替えただけで、6ヶ月で体重が10kg落ちました。体調もすこぶるよろしいです。

こんなに簡単かつお手軽にダイエットができるのに普及しないのは、ダイエット業界の売り上げが落ちて困るからではないかと、本気で思っています。

◯「言葉」を大切にする

口には、身体をつくる役割の他に、話をするというもう一つの大切な役割があります。68ページの「3種の笑顔」でお伝えしましたが、口は口角を上げる等その形状だけでプラスのメッセージを伝えることができるとても有能なメッセンジャーです。そして、言葉を発することで、自分の考えを伝えることができます。

人生という選挙において、「言葉で自分の考えを伝える」ということはとても大切です。あなたがやりたいこと、ほしいもの、それらを表現するのは「言葉」です。

政治家にとって言葉は命です。ですから、議員の演説原稿等を書くときは、言い回しや言葉の意味の取り違えがないよう、十分に推敲《すいこう》します。

でも、ニュースでよく見かけませんか？　「ついうっかり」という政治家の失言。またか、と思いますね。何度も言われているのに、ついうっかり、口が滑った。「そう言う意味ではなく」「誤解を招くようでありましたら陳謝申し上げます」。

同じようにテレビに出演しているタレントさん達は暴言失言があっても録画であればそこを修正してもらうことができます。でも、政治家は言葉が命。そして公人ですから、修正ではなく説明を求められるのです。

ではなぜ失言は起きるのでしょう。

答えは簡単です。**口は心の出口でもあるのです**。よほど激昂したときは別として、人は「心にも無いことを言う」ことはありません。「ついうっかり」は、普段は意識して閉ざしている扉が、何かの拍子で開いてしまったときに起こるのです。

ですから、注意すべきは普段、何を考えて自分の価値基準を作っているかということです。差別だったり、自分本位だったり、汚れた言葉だったりするものがないか、常に自分を点検することが必要です。

国会議員は、本会議や委員会での発言は全て「議事録」に記され残されます。議事録に残ったことは消せません。

口は「命の入口」、「心の出口」。

命をつなぐために口に入れる食事、心をつなぐために口から出す「言葉」。どちらも自分を生かす命なのです。

「本物」を見る

田舎育ちの父が、東京のレセプションパーティーに出席したときのことです。テーブルマナーを知らずとても恥ずかしい思いをしたと言って帰ってきたことがあります。

テーブルマナーというものがあることを知った父は、それを覚えさせようと、後日小学生の私と妹をホテルのレストランに連れて行きました。

翌日、綺麗なワンピースにエナメルの靴、私たちはオシャレをしてワクワクしながら「ホテル」とやらに出かけました。

「ホテル」に着くと帽子を被ったおじさんが大きなドアを開けてくれました。ドアを入ると、ふかふかの赤い絨毯にキラキラ光る照明。子どもの私には遊園地のように見えました。

案内されたレストランは白いテーブルクロスの静かなお店。テーブルに着くと、私と妹の間に黒い服装のおじさんがひとり立っていました。このおじさんは、料理が運ばれるたびにナイフフォークの使い方、作法の話をします。かぶりつきたいくらい美味しそうな食事でしたが、フォークの使い方から口の拭き方まであれこれ言われ、食べた気がしないまま食事は終わりました。

私たち姉妹は、期待したワクワクとの落差にひどくガッカリし、帰りの車の中で文句を言ったことを覚えています。

その緊張する食事会は月一の恒例行事になっていました。慣れというのは恐ろしいものです。何度か通ううちに、私と妹はその黒い服を着たおじさんと少しずつ仲良くなり、いつの間にか食事会の日が楽しみになりました。

私たちは寿司屋にも連れて行かれました。寿司屋ではまた別の決まりがありました。

子どもは5時から6時までの間だけいられる。板さんのいるカウンターに背筋を伸ばして座り、食べたいものは自分で注文する。大人に頼むのだから行儀良く礼儀をもってお願いする。大好きなツブも自分で頼まなければ出てきません。
顎《あご》がのっかるくらいの高さのカウンターで、食べたい一心で泣きそうになりながらも注文します。「少しぬるくしたお茶をください」。これも自分で言わなければなりません。大人の空間にいるときは大人のルールを守る。これは私に子どもができてからも続いた我が家のルールになりました。

これらのことを思い出して驚くのは、この頃、父の事業は順調とは言えない時期だったということです。とても贅沢ができるような財政ではなかったはずです。でも自分が教えられない「本物」の作法を娘達に学ばせたかったのでしょう。カタカナしか書けない父が私たちに施した学びは、「本物」を知る、ということでした。

○本物とは何か？

本物は本物にしか宿らないエネルギーを持っています。それは洋服でもバッグでも同じです。

ではその「本物」とは一体何でしょう。

私は、本物とは、信念をもって作られ社会に必要とされてきた誇りのあるもの、だと思っています。

本物には**誇り高いエネルギー**が注ぎ込まれています。

人生で難しい場面にであったとき、試されるとき、厳しく審査されるとき、本物はあなたを助けてくれます。闇雲にブランドものを推奨しているわけではありません。困ったときに自分を支えてくれる物。誇り高いエネルギーに敬意を表し、感謝して、共に時間を過ごしてくれる物。自分にとっての本物は、自分で探して初めて見つかります。弱いときにこそ自分を支えてくれる、自分にとっての本物を見つけましょう。

私は、ニセモノを手にすると悲しい気持ちになります。

それは、ニセモノを作るときに存在する誰かの悪意が波動になって残っているからだと思っています。誰かをダマして金儲けしてやろうという悪意が、マイナスのエネルギーになってその物にこもります。偽ブランド品は、作った人も買った人も犯罪とされる運命。そんなものを身に着けていて幸運がやってくるはずがありません。

頑張っているのになぜかうまくいかないという人は、身の回りにニセモノが無いかどうか確認してみましょう。偽ブランド品は運気を下げます。それを持つくらいなら、自分のコアカラーを使った身の丈グッズで身辺を整えましょう。

たった一度の人生です。

「本物」に身をつつみ、自分らしく、誇り高く生きたいものです。

「されてもいない批判」を恐れない

私が自戒を込めて自分に言い聞かせていることがあります。

それは、他人をコントロールすることは絶対にできないということです。他人が嫌いな物を好きにさせたり、嫌がることを積極的にやらせたりすることはできないのです。

水を欲しない馬を水場に連れて行っても、馬は水を飲みません。

自分以外の人間の考え方や感情を変えることはできません。変えられるのは自分だけです。だったら、人がどう言うとか、どう言われているとか、気にするだけ無駄なのです。

誰かに批判されることを恐れて、それを避けようと自分の考えや行動を変える。私もついやっていました。宴会に誘われて、演説原稿がたまっているのに断り難くてつい行ってしまったり、嫌われることが恐くて好きでもないものを好物だと言ってみたり。数え出したら枚挙に暇《いとま》がありません。

誰かの言うことを否定しないこと、賛同することは、「優しさ」だとも思っていましたので、あまり気にせずにいました。でも、あるとき気がついたのは、行きたくない宴席にいるときや、好きでもない物を頂いているときの自分はイライラしている、ということです。

相手に合わせるあまり、自分の感情を殺してしまっていることに怒っていたのです。そんな自分に相手も楽しいわけがありません。

あるときから、私は自分がどう思うのかを大切にすることにしました。好きか嫌いか、行きたいか行きたくないか。それで、誰かに嫌われてもいいと、決死の覚悟でそうしたのですが、成果は意外なところにやってきました。

相性の悪い人とは、スッキリとご縁が途絶えました。その結果、時間が増えたことで、大切な人と貴重な時間を過ごす機会がグッと増えたのです。時間が増えたので、いつもぎりぎりになっていた仕事の精度も上がりました。

今まで何をしていたんだろう、とつくづく思いました。

そして、もう一つの意外な成果がありました。**それは、人に誘われやすくなったということです。**これは意外でした。「誘っても無理なら断ってくださるから安心してお誘いできます」と言われるのです。何と、相手も私に気を遣って誘おうか誘うまいか、いつも悩んでおられたのです。

自分の感情に正直に、相手には、礼を尽くしてYes、Noを伝える。そうするだけで、相手からの信頼が増しているのです。しかも、自分の可処分時間が増えるので、自分にとって大切な人や仕事に使う時間が増えるのです。

相手に悪いから、と思っていたことが、相手に気を遣わせたり、自分をも疲れさせているのなら、その考え方を捨てましょう。

自分がどうしたいか。

たった一人の自分がどう思うのかを大切に考えましょう。

他人は自分が思うほど、自分のことばかりを見ていません。

人生で今日が一番若い

30歳の誕生日を迎える、20代最後の夜、子ども達を早く寝かせた8時過ぎ、同じ年の友人2人がお祝いに集まってくれました。

かつて、私は30代に突入するということに絶望に近い感覚を持っていました。

「こんなはずじゃなかった」と思っていたのです。

私が10代の頃、30歳は「大人」でした。

30歳の私はバリバリの弁護士で、黒のストッキングにピンヒールをカツカツいわせて法廷を闊歩《かっぽ》している……はずでした。世の中の酸いも甘いも知っていて何があっても動じず、「あら、そう」と言いながら艶やかなウェーブのきいた長い髪をゆっくりかき上げる……はずでした。

でも、現実の私はショボかった。ひっつめ髪にトレーナーにジーンズ。両手に娘と息子、ベビーカーには赤ん坊がいて、仕事とご飯の支度と洗濯と掃除と保育園の送り迎え……。

かつて思い描いていた理想の「大人」と、現実の自分はかけ離れていたのです。

今、私の会社には、多くの後輩秘書達が悩みをもってやってきます。

仕事の悩み、結婚のこと、子どもを生むかどうか、今後のキャリアなど、皆それぞれ真剣なのですが、共通して仰ることは「もうアラサーですから無理です」「アラフィフですから」と、**何かを諦める理由に年代をまるっと丸めた言い方をすること**です。「もう無理」というときにその言葉を使うのです。

私が「本当は、どうしたいの？」と聞くと、「もう無理だと思うんですけど」と枕詞をつけて、

「転職したいんですけど」＋「アラサー」ですから、

「結婚はしたいんですけど」＋「アラフォー」ですから、

「議員になりたいんですけど」＋「アラフィフ」ですから。


諦めたいから相談に来ているわけではないことは、わかっています。

でも、皆さん共通しているのは、年齢を理由に諦めようとしていることです。

アラサーというと27歳から33歳を指すようなのですが、６年もの年数をまるっと丸めて、何かを諦める理由にして後悔しませんか？


６年というと２１９０日あります。

子どもが生まれたら小学校に入ります。大学に入学して修士号までとれるでしょう。参議院議員なら初当選から二期目を目指して選挙の年ですね。

６年の間には、思いもかけない出来事がたくさんあって、予想を上回る経験を積むでしょう。

人生で今日が一番若いのです。明日は1日分年をとります。何かやりたいことがあるなら、今日の自分がやりたいかどうかで決めなければいつ誰が決めるというのでしょう。

私は、やらなかった後悔よりやった後悔の方がいいと思って生きてきました。実際、いろいろなことをやらかして、思い出したくもないことが山のようにありますが、やらないことには思い出にさえなりません。やらなかったのですから、それは私の人生を彩る何かには成り得ませんでした。

◯『Advanced Style』が教えてくれたこと

私にはマイバイブルがいくつかあります。そのうちの一つが2013年に発売された『Advanced Style』（大和書房刊）という写真集です。華やかなファッションに身を包み独特のオシャレを楽しんでいるニューヨークの60代後半からの女性たちのスタイルと名言を集めています。

「シミもシワも私の模様よ」

最高の笑顔で優雅にこう言える人が、私の「一流の女性像」です。

年を重ねることを楽しみにさせてくれたこの女性たちに心から感謝しています。


私は、20代に戻りたいと思ったことが一度もありません。30代もましてや40代も、一年前でさえご免蒙《こうむ》ります。その頃は今よりも確実におバカで、モノを知りません。無知ゆえに恥ずかしいことをたくさんやらかしてきました。あそこに帰るのは二度と嫌です。

痛い思いが、辛い経験が、今の私の顔をつくってきたのでしたら、私のシミもシワも一緒に戦ってくれた刀傷。武勲です。そう思ってから、シワ取りの広告は気にならなくなりました。それよりも、何をも受け入れる、カッコいい笑顔ができているかどうか、ビルのガラス窓に映る自分の表情が気になるようになりました。

30代に突入する日に、友人達の祝福が、私の絶望と恐怖をやわらげてくれました。
そして、いよいよ実年齢を重ねた4年前、『Advanced Style』が私の背中をドンと叩いて「大丈夫よ」と後押ししてしてくれました。

あなたは、今日、何歳ですか？
今年やってくる誕生日の年齢ではなく、今日の年齢です。
今日の自分が取り組めることを、
ひとつ始めてみてください。
何かがひとつ変わります。

やらなかったことは思い出にもなりません。

せっかくの人生、
一流の人たちの中で、
好きなものに支えられ、

本物に助けられて生きられたら
どんなに魅力的な思い出ができることでしょう。

おわりに

20年前、私は3人の子持ちで、バツイチアラフォーでした。

人生を立て直すために弁護士を目指して勉強をしていましたが、3回目のチャレンジが、択一試験落ちという無残な結果でした。貯金もきれいに使い果たし、子どもをかかえて生きる道を見失っていたとき、ひょんなことから選挙の手伝いをすることになり、永田町の世界に入ることになりました。

立法府で働くのは、司法試験のリベンジには気分の良いものでした。でも、現実の仕事はそう簡単ではありませんでした。

まず何を言われているのか言葉の意味が全く分かりません。知ったかぶりすらも通用せず、まるで火星で仕事をしているようでした。

辞めたくても、アラフォー子持ちの私には他に働き口もありません。

私は、ここで生きていくしかないと覚悟を決め、外国語のような「永田町用語」を覚え、人の顔を覚え、仕事を覚えました。秘書になって半年の間に、十二指腸潰瘍を2回患い、円形脱毛も22ヵ所できました。

こんな私ですが、一年経った頃には、委員会質問の準備、国際会議の段取り、陳情案件も議員の代理としてこなすことができるようになっていました。

それは、私が立派だったからではありません。

永田町にいる、一流の人達の仕事の流儀を、毎日間近で見ることができたからです。メモの取り方、仕事の段取り、挨拶の仕方、言葉の選び方、謝り方、自分の立ち位置と自分の魅せ方、議員の魅せ方。

司法試験に落ち、とことん途方に暮れ、他に選択肢の無い断崖絶壁で出会ったキラキラと輝く一流の人達は、とても魅力的でした。

本書でお伝えした「固定化すべき5つのポイント」はそのエッセンスです。

ほしいもの（目標）を定める
素の自分自身を知る
理想の自分の姿を決める
素と理想の間の溝を埋める
答えが見つかったらそれを固定化する

何かのご縁があって、この本を手に取られたのだと思います。
どうぞ「一流の魅せ方」をあなたの人生に取り入れ、ほしいものを手に入れてください。

ここからでしか見えない世界を、私はあなたにも見てもらいたいと願っています。
あなたのご成功を、心から祈っています。

鈴鹿久美子

鈴鹿久美子（すずか・くみこ）

政治家のためのブランディング戦略家／魅せ方コンサルタント。

政策秘書として国会議員に仕え、洗濯から政策まで多岐にわたる議員秘書業務と、大小様々な選挙実務を経験。

2012年、解散総選挙で離職せざるを得ない秘書の受け皿をつくりたいと政策秘書を辞職。議員と秘書のマッチングを図る日本で唯一の議員秘書専門人材紹介会社「議員秘書ドットコム」の運営を開始。テレビ、新聞等マスコミから注目を浴びる。

服装、政策、キャッチフレーズ、演説まで、圧倒的な印象形成で有権者を魅了する好感度を分析し、2015年の統一地方選、2016年の首長選挙で引き受けた候補者を政党問わず全員当選に導く。現在は、議員秘書の人材紹介に加え、議員秘書養成、政治家のコンサルティングの他、立候補者を戦略的に当選に導く「魅せ方のプロ」として全国で活躍。現在、日本でただ一人の女性選挙戦略家。通称「勝たせ屋」。講演、セミナー等多数、本書が初の著書となる。

株式会社InStyle代表取締役。

会《あ》う人《ひと》すべてがあなたのファンになる

一流《いちりゅう》の魅《み》せ方《かた》

2017年4月1日　第1刷発行

著　者　鈴鹿久美子
発行者　佐藤 靖
発行所　大和《だいわ》書房
東京都文京区関口1-33-4
電話03-3203-4511

カバーデザイン　轡田昭彦+坪井朋子
写真提供　朝日新聞社（P40・41）
本文DTP　朝日メディアインターナショナル
本文印刷　厚徳社
カバー印刷　歩プロセス
製本所　ナショナル製本

ISBN978-4-479-79581-0